Löhnig · Falltraining im Zivilrecht 2

Falltraining im Zivilrecht 2

Ein Übungsbuch für mittlere Semester

von

Dr. Martin Löhnig
o. Professor an der Universität Konstanz

C.F. Müller Verlag
Heidelberg

Dr. *Martin Löhnig*, Jahrgang 1971, Studium der Rechtswissenschaft in Regensburg, Referendarexamen 1996, Assessorexamen 1998, Promotion 2001, Habilitation 2006, ist seit 2007 ordentlicher Professor für Bürgerliches Recht, Rechtsgeschichte und Kirchenrecht an der Universität Konstanz.

Bibliografische Information der Deutschen Nationalbibliothek

Die Deutsche Nationalbibliothek verzeichnet diese Publikation in der Deutschen Nationalbibliografie; detaillierte bibliografische Daten sind im Internet über http://dnb.d-nb.de abrufbar.

ISBN 978-3-8114-7071-2

www.cfmueller-verlag.de

Satz: Textservice Zink, Schwarzach
Druck und Bindung: Gulde-Druck, Tübingen

Printed in Germany

Vorwort

Liebe Leserin, lieber Leser,

dieses „Falltraining im Zivilrecht“ knüpft an das gleichnamige Buch für Anfänger an und hilft Ihnen dabei, die Klausuren im dritten und vierten Semester in den Kerngebieten des Zivilrechts zu bewältigen. Es enthält 29 Fälle mit klausurmäßig ausformulierten Lösungen, die speziell auf die Anforderungen in den mittleren Semestern ausgerichtet sind. Die Fälle bewegen sich vor allem im Besonderen Schuldrecht und im Sachenrecht, hinzukommen jedoch Verknüpfungen mit dem Allgemeinen Teil und dem Allgemeinen Schuldrecht. Bei der Erarbeitung der Lösungen habe ich darauf geachtet, dass unproblematische Punkte zügig abgehandelt werden und an Problempunkten breitere und problembewusstere Erörterungen erfolgen, die jedoch nicht über das hinausgehen, was man in einer Klausur von Ihnen erwarten kann. Sie finden in diesem Buch also keine wissenschaftlich belegten, hausarbeitsartigen Lösungen, sondern Lösungen, mit denen man eine ordentliche Klausur schreiben könnte. Es handelt sich auch nicht um „Musterlösungen“, sondern um vertretbare Lösungen, die aber andere Lösungswege nicht ausschließen wollen.

Dieses Fallbuch kann nicht in dem Sinn vollständig sein, dass es alle denkbaren Konstellationen des Besonderen Schuldrechts und des Sachenrechts behandelt. Vielmehr begleitet es Sie auch auf dem Weg zum systematischen, exemplarischen Arbeiten. Spätestens in der Mitte des Studiums werden Sie vermutlich bemerken, dass Sie niemals „alles“ wissen können und nur dann erfolgreich sein werden, wenn Sie Systemkenntnisse haben, die Ihnen dabei helfen, auch unbekannte oder untypische Konstellationen argumentativ zu bewältigen, von denen in diesem Buch einige enthalten sind.

Die Fälle sind nach Schwierigkeitsgraden gekennzeichnet als

* leicht
** mittelschwer
*** anspruchsvoll

und grob nach Sachgebieten gegliedert in

Teil 1 Vertragliche Schuldverhältnisse
Teil 2 Gesetzliche Schuldverhältnisse
Teil 3 Sachenrecht.

Trotz der Kennzeichnung mit den Sternchen sind die wenigsten Fälle ganz einfach zu lösen. Ich bin der Überzeugung, es sei besser, Sie vor der Klausur zu fordern und an Ihre Grenzen zu führen als Ihnen in der Klausur eine böse Überraschung zu bescheren. Wenn Sie nach der Lektüre Ihres Klausursachverhalts denken: „Oh, die ist aber leicht!“, dann hat dieses Buch eines seiner Ziele erreicht.

Ein derartiges Buch kann nur mit Hilfe vieler Juristen gelingen, die an den Schwierigkeiten des juristischen Studiums „näher dran“ sind als der professorale Autor, der seine Ausbildung schon vor zehn Jahren abgeschlossen hat. Das sind meine Konstanzer Mitarbeiter *Carolin Engler, Andreas Gietl, Annemarie Heidenhain, Franziska Kraus, Simon Letsche, Berthe Obermanns, Antonia Schnitzler, Judith Spiri, Yagmur Topuz, Rebecca Zeller* und *Charlotte Zurlinden*. Mit ihnen habe ich nicht nur intensiv an den Fällen und Lösungen gearbeitet, sondern sie haben zum Teil auch eigene Entwürfe für Fälle erarbeitet; ihnen widme ich dieses Buch, verbunden mit meinem herzlichsten Dank für unsere gute Zusammenarbeit. *Anita Pöschl* hat das Manuskript ein weiteres Mal durchgesehen, ihr verdanke ich zahlreiche Verbesserungsvorschläge.

Ihnen wünsche ich Freude und Gewinn bei der Arbeit mit den Fällen und freue mich über Ihre kritischen Anmerkungen, die mich am besten unter martin.loehnig@jura.uni-regensburg.de erreichen.

Regensburg/Konstanz, im Juni 2008 *Martin Löhnig*

Inhaltsverzeichnis

Teil 3
Sachenrecht

Literatur

I. Schuldrecht

Brox/Walker, Allgemeines Schuldrecht, 32. Aufl., 2007
Brox/Walker, Besonderes Schuldrecht, 32. Aufl., 2007
Emmerich, Das Recht der Leistungsstörungen, 6. Aufl., 2005
Emmerich, BGB-Schuldrecht Besonderer Teil, 11. Aufl., 2006
Fikentscher/Heinemann, Schuldrecht, 10. Aufl., 2006
Gursky, Schuldrecht Besonderer Teil, 5. Aufl., 2005
Hirsch, Allgemeines Schuldrecht, 5. Aufl., 2004
Hirsch, Besonderes Schuldrecht, 2007
Köhler/Lorenz, Prüfe dein Wissen – Schuldrecht I, 20. Aufl., 2006
Köhler/Lorenz, Prüfe dein Wissen – Schuldrecht II, 18. Aufl., 2007
Larenz/Canaris, Lehrbuch des Schuldrechts I – Allgemeiner Teil, 14. Aufl., 1987
Larenz/Canaris, Lehrbuch des Schuldrechts II/1 – Besonderer Teil, 13. Aufl., 1986
Larenz/Canaris, Lehrbuch des Schuldrechts II/2 – Besonderer Teil, 13. Aufl., 1994
Looschelders, Schuldrecht Allgemeiner Teil, 5. Aufl., 2007
Looschelders, Schuldrecht Besonderer Teil, 2. Aufl., 2008
Medicus, Bürgerliches Recht, 21. Aufl., 2007
Medicus, Schuldrecht Allgemeiner Teil, 17. Aufl., 2006
Medicus, Schuldrecht Besonderer Teil, 14. Aufl., 2007
Oechsler, Schuldrecht Besonderer Teil, 2003
Oetker/Maultzsch, Vertragliche Schuldverhältnisse, 3. Aufl., 2007
Schellhammer, Schuldrecht nach Anspruchsgrundlagen, 7. Aufl., 2008
Schlechtriem/Schmidt-Kessel, Schuldrecht Allgemeiner Teil, 6. Aufl., 2005
Schlechtriem/Schmidt-Kessel, Schuldrecht Besonderer Teil, 7. Aufl., 2007
Schwab/Löhnig, Einführung in das Zivilrecht, 17. Aufl., 2007
Westermann/Bydlinski/Weber, BGB-Schuldrecht Allgemeiner Teil, 6. Aufl., 2007

II. Sachenrecht

Baur/Stürner, Sachenrecht, 17. Aufl., 1999
Brehm/Berger, Sachenrecht, 2. Aufl., 2006
Gerhardt, Immobiliarsachenrecht, 5. Aufl., 2001
Gerhardt, Mobiliarsachenrecht, 5. Aufl., 2000
Gottwald, Prüfe dein Wissen – Sachenrecht, 14. Aufl., 2005
Prütting, Sachenrecht, 33. Aufl., 2008
Vieweg/Werner, Sachenrecht, 3. Aufl., Köln 2007
Westermann, BGB-Sachenrecht, 11. Aufl., 2005
Wieling, Sachenrecht, 5. Aufl., 2007
Wilhelm, Sachenrecht, 3. Aufl., 2007
Wolf, Sachenrecht, 23. Aufl., 2007

Teil 1

Vertragliche Schuldverhältnisse

Fall 1 *

Amalie von Arnheim, eine begeisterte Springreiterin, hat am 19. September 2007 beim bekannten Pferdezüchter Paul Pottermühle zum Preis von 50 000 € das einjährige Pferd Felizitas gekauft, das sie durch entsprechendes Training zum Turnierpferd heranziehen wollte. Pottermühle bot von Arnheim insgesamt zwölf einjährige Pferde an, die für das Springreiten geeignet waren; nach ausgiebigem Probereiten entschied sich von Arnheim schließlich für Felizitas, die sie sofort auf ihr Gestüt brachte. Im Kaufvertrag vereinbarten Pottermühle und von Arnheim unter anderem: „§ 5: Die Verjährungsfrist für alle kaufvertraglichen Ansprüche beträgt drei Monate ab dem gesetzlichen Verjährungsbeginn.“.

Als sich nicht der erwartete Trainingserfolg einstellte, ließ von Arnheim ihr Pferd am 10. Januar 2008 tierärztlich untersuchen. Dabei stellte sich heraus, dass Felizitas an einer nicht korrigierbaren leichten Fehlstellung des linken Hinterhufs leidet, die zwar zunächst nicht auffällt, es aber ausschließt, Felizitas zu einem Turnierpferd zu schulen. Von Arnheim überlegte daraufhin: Einerseits war ihr Felizitas inzwischen ans Herz gewachsen, so dass sie das Pferd nicht einfach gegen ein anderes eintauschen wollte. Andererseits wollte sie neben Felizitas aber gerne ein anderes, turniertaugliches Pferd, das sie sich jedoch nicht leisten konnte, weil ihre Zahnarztpraxis nicht so viel Gewinn abwarf. Sie entschied sich deshalb dafür, von Pottermühle die Wertdifferenz von 40 000 € zu verlangen, die zwischen dem Wert der Felizitas und dem Marktpreis von 50 000 € für ein Pferd, das zum Turnierpferd trainiert werden kann, liegt.

Deshalb wandte sie sich nach Rücksprache mit ihrem Rechtsanwalt am 20. Februar 2008 an Pottermühle und erklärte, sie mindere Kaufpreis und verlange Zahlung von 40 000 €. Pottermühle verwies jedoch auf § 5 des Vertrages und erklärte, allenfalls aus Kulanz ein „Austauschpferd“ zu liefern. Wird Amalie von Arnheim mit ihrem Anspruch durchdringen können?

Lösung

Anspruch A gegen P aus §§ 433, 434, 437 Nr. 2, 441, 323, 326 V, 346 I BGB

A könnte gegen P einen Anspruch auf teilweise Rückzahlung des Kaufpreises in Höhe von 40 000 € haben, wenn die Parteien einen wirksamen Kaufvertrag geschlossen haben, die Kaufsache mangelhaft ist und schließlich A ein Recht zur Minderung zusteht, das sie wirksam ausgeübt hat.

I. Kaufvertrag, § 433 BGB

A und P haben sich über den Gegenstand des Kaufvertrags und den Kaufpreis geeinigt. Dieser Kaufvertrag ist insbesondere nicht deshalb unwirksam, weil er möglicherweise auf eine von Anfang an unmögliche Leistung gerichtet war, § 311a I BGB.

Fraglich ist lediglich, ob das Kaufrecht direkt oder nur über die Verweisung des § 453 BGB anwendbar ist, der die Vorschriften über den Sachkauf auch auf den Kauf anderer Gegenstände ausdehnt. Zwar handelt es sich bei einem Pferd nicht um eine Sache, § 90a S. 1 BGB, auf Tiere finden jedoch die Bestimmungen über Sachen entsprechende Anwendung, § 90a S. 3 BGB, soweit nichts anderes angeordnet ist. Somit kann der Kauf des Pferdes als Sachkauf behandelt werden.

II. Sachmangel, § 434 BGB

Der Anspruch der A setzt außerdem voraus, dass die Kaufsache nicht mangelfrei im Sinne der §§ 434, 90a BGB ist. Das ist der Fall, wenn die Sache bei Gefahrübergang nicht die vereinbarte Beschaffenheit aufweist, § 434 I 1 BGB. Eine besondere Beschaffenheitsvoraussetzung haben die Parteien hier jedoch nicht geschlossen. Nach § 434 I 2 Nr. 1 BGB ist die Kaufsache jedoch auch dann nicht mangelfrei, wenn sie sich nicht für die nach dem Vertrag vorausgesetzte Verwendung eignet. A und P sind übereinstimmend davon ausgegangen, dass A das Pferd als Turnierpferd verwenden möchte, hatte A diesen Wunsch doch bei der Vertragsanbahnung zum Ausdruck gebracht und P ihr daraufhin nur Pferde vorgestellt, die für diese Verwendung geeignet sein sollten. Durch die Fehlstellung des Hufs war das Pferd jedoch nicht zur Verwendung als Turnierpferd und somit für die nach dem Vertrag vorausgesetzte Verwendung geeignet. Die Kaufsache war deshalb nicht mangelfrei.

III. Bei Gefahrübergang

Dieser Sachmangel müsste zudem bei Gefahrübergang vorgelegen haben, § 434 I 1 BGB. Bei beweglichen Sachen, und als solche ist das Reitpferd zu behandeln, § 90a BGB, findet der Gefahrübergang bei Übergabe der Sache statt, § 446 BGB. Nachdem A das Pferd sofort auf ihr Gestüt brachte, ist davon auszugehen, dass das Pferd nach dem Kauf am 19. September 2007 an A übergeben wurde.

1. Beweislast der A

Fraglich ist jedoch, ob der Mangel zu diesem Zeitpunkt bereits vorgelegen hat. Bei dem Mangel handelt es sich um eine Fehlstellung des Hinterhufs. Eine solche Fehlstellung ist keine akute Krankheit, sondern eine chronische Fehlstellung des Knochens. Eine solche Fehlstellung wird in der Regel schon bei der Geburt vorliegen; es ist jedoch freilich auch denkbar, dass sich diese Fehlstellung erst später ausgebildet hat. Mangels entsprechender ärztlicher Expertise wird A, die das Vorliegen des Sachmangels bei Gefahrübergang darlegen und beweisen muss, dieser Beweis jedoch nicht gelingen.

2. Umkehr der Beweislast, § 476 BGB

Möglicherweis muss A das Vorliegen des Sachmangels bei Gefahrübergang jedoch überhaupt nicht darlegen und beweisen. Das ist dann der Fall, wenn die Beweislastumkehr aus § 476 BGB greift. Dazu müsste es sich bei dem Vertrag um einen Verbrauchsgüterkauf handeln, § 474 BGB. Ein solcher liegt vor, wenn ein Verbraucher von einem Unternehmer eine bewegliche Sache kauft. A müsste also Verbraucherin sein, § 13 BGB. Verbraucher ist jede natürliche Person, die ein Rechtsgeschäft zu einem Zweck abschließt, der weder ihrer gewerblichen noch ihrer selbstständigen beruflichen Tätigkeit zugerechnet werden kann. Bei A handelt es sich zwar um eine selbstständige Zahnärztin, dem Springreiten geht sie jedoch nur privat nach. Somit hat sie den Kaufvertrag mit P weder zu beruflichen noch zu gewerblichen Zwecken abgeschlossen, so dass sie Verbraucherin im Sinne des § 13 BGB ist. Außerdem müsste P Unternehmer sein. Unternehmer ist eine natürliche oder juristische Person oder eine rechtsfähige Personengesellschaft, die bei Abschluss eines Rechtsgeschäfts in Ausübung ihrer gewerblichen oder selbstständigen beruflichen Tätigkeit handelt, § 14 BGB. Bei P handelt es sich um einen bekannten Pferdezüchter; fraglich ist jedoch trotzdem, ob er lediglich Hobbyzüchter ist oder die Pferdezucht seine berufliche Tätigkeit darstellt. Dies ist nach den Umständen zu ermitteln. P bot der A zwölf Pferde an, die den Wünschen der A entsprechen. Es ist davon auszugehen, dass er darüber hinaus noch über eine größere Anzahl von Pferden mit anderen Eigenschaftsmerkmalen verfügte. Daraus lässt sich schließen, dass er nicht nur ein Hobbyzüchter ist, sondern seiner Tätigkeit beruflich nachgeht. Demzufolge handelte es sich bei P um einen Unternehmer, § 14 BGB. Nachdem das Pferd wie eine bewegliche Sache zu behandeln ist, § 90a BGB, sind die Voraussetzungen des Verbrauchgüterkaufs erfüllt.

Somit kann auch § 476 BGB angewendet werden, der als weitere Voraussetzung für die Beweislastumkehr verlangt, dass sich der Mangel innerhalb von 6 Monaten seit Gefahrübergang gezeigt hat. Der Gefahrübergang fand am 19. September 2007 statt, vgl. oben. Nachdem es sich bei der Übergabe der Sache um ein Ereignis im Sinne des § 187 I BGB handelt, begann die Sechsmonatsfrist am 20. September 2007 um 0.00 und endete am 19. März 2008 um 24.00. Somit konnte sich A auf § 476 BGB berufen, weil sich der Mangel innerhalb der Sechsmonatsfrist gezeigt hat. P hat weder dargelegt, dass der Mangel bei Gefahrübergang noch nicht vorgelegen habe, noch dass es sich nach der Art der Fehlstellung um eine Verschleißerscheinung handle, die etwa Folge unsachgemäßen Trainings sei. Deshalb ist davon auszugehen, dass bei Gefahrübergang ein Sachmangel vorlag.

IV. Minderung statt Rücktritt

Damit könnte A mindern, § 437 Nr. 2 BGB, wenn die Voraussetzungen eines Rücktrittsrechts vorliegen, denn § 441 BGB regelt, dass der Käufer statt zurückzutreten auch mindern kann. Es handelt sich bei dem Kaufvertrag um einen gegenseitigen Vertrag, § 323 I BGB; zudem hat P die geschuldete Leistung nicht vertragsgemäß erbracht, vgl. oben. Außerdem müsste A dem P vergeblich eine Frist zur Nacherfüllung gesetzt haben. Das war jedoch nicht der Fall. Die Fristsetzung könnte jedoch entbehrlich gewesen sein, § 326 V BGB, wenn beide Arten der Nacherfüllung, also Nachlieferung und Nachbesserung, nach § 275 I BGB ausgeschlossen waren.

Eine Nachbesserung des Pferdes ist unmöglich, § 275 I BGB, denn die Fehlstellung ist nicht korrigierbar. Allerdings kommt die Nachlieferung eines anderen Pferdes in Betracht, die P der A angeboten hat. Möglicherweise ist das Nachlieferungsrecht des Verkäufers aus § 439 I BGB jedoch nur bei Gattungsschulden gegeben, während es sich vorliegend um einen Stückkauf handelt. Zum Teil wird gesagt, die Schuld habe sich beim Stückkauf auf ein bestimmtes Stück konzentriert; deshalb könne weder der Käufer Nacherfüllung verlangen, noch der Verkäufer dem Käufer, der ein bestimmtes Stück gewählt hat, die Nacherfüllung aufzwingen. Dagegen spricht jedoch, dass der Gesetzeswortlaut des § 439 I BGB die Nachlieferung beim Stückkauf nicht ausschließt. Entscheidend ist deshalb der Wille der Vertragsparteien und es ist zu klären, ob die Kaufsache für die Parteien, obschon es sich um einen Stückkauf handelt, letztlich austauschbar sein sollte oder nicht. A hat sich nach eingehendem Probereiten für ein bestimmtes Pferd entschieden und nicht etwa nur ein Pferd mit bestimmten Merkmalen bei P erwerben wollen. Hinzu kommt, dass es sich hier um einen Tierkauf handelt und der Käufer ein Tier, zu dem er bereits eine emotionale Beziehung aufgebaut hat, nicht einfach durch ein anderes ersetzen müssen soll. Deshalb spielt es auch keine Rolle, dass sich P bereit erklärt hat, ein „Austauschpferd" zu liefern und die Nachlieferung ist ausgeschlossen, § 275 I BGB, weil es sich um einen „echten Stückkauf" handelt. Damit bestand ein Rücktrittsrecht der A, die statt dessen auch mindern konnte, § 441 BGB.

V. Minderungserklärung

A hat schließlich ihr Minderungsrecht durch Erklärung gegenüber P, § 441 I 1 BGB, ausgeübt, so dass der Anspruch gegen P aus Minderung auf Zahlung von 40 000 € aus §§ 433, 434, 437 Nr. 2, 441, 323, 326 V, 346 I BGB besteht.

VI. Ausschlussgründe

Etwas anderes könnte jedoch gelten, wenn ein Ausschlussgrund greifen würde. § 323 V 2 BGB, der das Rücktrittrecht für unerhebliche Mängel ausschließt, ist auf die Minderung nicht anwendbar, § 441 I 2 BGB. A hat den Mangel auch nicht gekannt oder auf Grund grober Fahrlässigkeit übersehen, § 442 BGB.

Zu einem vollständigen Haftungsausschluss ist nichts ersichtlich. Jedoch begrenzt § 5 des Kaufvertrags die Haftung des Verkäufers P für Sachmängel auf drei Monate ab dem gesetzlichen Verjährungsbeginn. Der gesetzliche Verjährungsbeginn im

Kaufrecht wird mit Ablieferung der Sache, § 438 II BGB, also ihrer Übergabe, ausgelöst. Fristbeginn war damit am 20. September 2007 um 0.00 Uhr, § 187 I BGB, Fristende am 19. Dezember 2007 um 24.00, § 188 II BGB. Im Gegensatz zu Ansprüchen unterliegen Gestaltungsrechte zwar nicht der Verjährung, § 194 BGB, die Klausel schließt aber ersichtlich sämtliche Käuferrechte, die sich auf die Mangelhaftigkeit der Kaufsache stützen, aus.

Jedoch ist diese Vereinbarung unzulässig. Unabhängig davon, ob man ein junges, noch untrainiertes Pferd als neue oder gebrauchte Sache im Sinne des § 475 II BGB ansehen möchte, kommt eine Verkürzung der Gewährleistungsfrist auf unter ein Jahr im Rahmen von Verbrauchsgüterkäufen nicht in Betracht. Deshalb ist die Klausel unwirksam und es greift hier § 438 BGB, wonach die Verjährung zwei Jahre beträgt und bei Ablieferung der Sache beim Käufer beginnt. Die am 20. September 2007 ausgelöste, § 187 I BGB, Frist endet somit erst am 19. September 2009 um 24.00 Uhr, § 188 II BGB. Dabei bliebe jedoch außer Betracht, dass § 438 I BGB sich nur auf die Käuferrechte aus § 437 Nr. 1 und 3 BGB bezieht, weil Gestaltungsrechte nicht der Verjährung unterliegen. Jedoch verweist § 437 V BGB für das Minderungsrecht auf die Ausschlussfrist des § 218 BGB. Hiernach ist die Minderung wegen nicht oder nicht vertragsgemäß erbrachter Leistung unwirksam, wenn der Nacherfüllungsanspruch verjährt ist und der Schuldner sich hierauf beruft. Vorliegend bestand jedoch überhaupt kein Nacherfüllungsanspruch, vgl. oben. Nach zutreffender Auffassung ist in solchen Fällen jedoch darauf abzustellen, wann ein hypothetischer Nacherfüllungsanspruch verjähren würde. Das wäre vorliegend am 19. September 2009 der Fall, so dass A, die am 20. Februar 2008 gegenüber P die Minderung erklärt hat, diese Frist gewahrt hat.

VII. Ergebnis

Der Kaufpreis wird gem. § 441 III BGB in dem Verhältnis gemindert, in dem der Wert der Sache im mangelfreien Zustand zu dem Wert der mangelhaften Sache steht. Es ergibt sich hiernach ein Betrag von 40 000 €.

Fall 2 *

Der Lebensmittelgroßhändler Kaul aus Regensburg hat beim Kaffeeröster Verse aus Hamburg drei Paletten Espresso mit je 1000 Einzelpackungen á 250 Gramm zum Preis von insgesamt 5000 € bestellt. Auf Bitte des Kaul hin lässt Verse die Ware von Hamburg nach Regensburg liefern. Dazu bat Verse seinen alten Freund Sondermann, der zufälligerweise sowieso einen Miet-LKW nach Regensburg zurückbringen musste, die Ware mitzunehmen. Bei Frankfurt wollte der Sondermann, der bisher komplett unfallfrei gefahren war, testen, wie schnell so ein beladener LKW fahren kann, und schaffte es, den LKW bei einer zulässigen Höchstgeschwindigkeit von 120 km/h auf 150 km/h zu beschleunigen. Als bei Tempo 150 dann das Handy des Sondermann klingelte und er daher neben der Fahrt noch mit seiner Mutter telefonieren musste, schaffte er es nicht mehr, den LKW unter Kontrolle zu halten und verursachte einen Unfall. Die drei Paletten Espresso nahmen so schweren Schaden, dass sie völlig unbrauchbar wurden. Trotzdem ging bei Kaul einige Tage später eine Rechnung des Verse über 5000 € ein. Ihr lag ein Brief bei, in dem Verse sein Bedauern über den unglücklichen Zwischenfall zum Ausdruck brachte. Kaul ist der Auffassung, er müsse „die Rechnung nur bezahlen, wenn ihm Verse drei Paletten Espresso vor die Tür stellt“. Wie ist die Rechtslage?

Lösung

Anspruch des V gegen K auf Zahlung des Kaufpreises in Höhe von 5000 € aus § 433 II BGB

I. Anspruch entstanden

Voraussetzung für das Bestehen eines Kaufpreisanspruchs aus § 433 II BGB ist ein wirksamer Kaufvertrag zwischen V und K. Beide Parteien haben sich über die essentialia negotii geeinigt. Ein wirksamer Kaufvertrag liegt somit vor. Der Anspruch ist damit entstanden.

II. Anspruch untergegangen

1. Erlöschen der Gegenleistung nach § 326 I 1 BGB

Der Anspruch könnte aber untergegangen sein, § 326 I 1 HS 1 BGB. Bei dem Kaufvertrag handelt es sich um einen gegenseitigen Vertrag. Außerdem wäre erforderlich, dass V nach § 275 BGB nicht mehr zu leisten braucht. Zu prüfen ist also zunächst, ob die Leistung des V unmöglich geworden ist, § 275 I BGB.

a) Gattungsschuld

V schuldet Übereignung und Übergabe von drei Paletten Espresso mit je 1000 Einzelpackungen à 250 g. Bei den Espressopackungen handelt es sich um nur der Gattung nach bestimmte Sachen, § 243 I BGB. Bei einer solchen Gattungsschuld wird die Leistung erst unmöglich, wenn die gesamte Gattung untergegangen ist.

b) Konkretisierung

Etwas anderes könnte aber gelten, wenn sich die Gattungsschuld durch Konkretisierung in eine Stückschuld gewandelt hätte, § 243 II BGB, so dass die Leistungsgefahr auf den Gläubiger übergegangen wäre. Das wäre dann der Fall, wenn V das seinerseits Erforderliche getan hätte. Es ist davon auszugehen, dass er Espresso mittlerer Art und Güte ausgewählt hat.

Was weiter erforderlich ist, hängt davon ab, ob es sich um eine Bring-, Hol- oder Schickschuld handelt. Dies wiederum hängt davon ab, wo Leistungsort (Ort der Leistungshandlung) und Erfolgsort (Ort des Leistungserfolgs) liegen. Bei der Bringschuld ist Leistungs- und Erfolgsort der Wohnsitz des Gläubigers. Bei der Holschuld ist Leistungs- und Erfolgsort der Wohnsitz des Schuldners. Bei der Schickschuld ist der Leistungsort der Ort, an dem der Schuldner die Sache an den Transporteur übergibt. Der Erfolgsort bleibt hingegen der Wohnsitz des Gläubigers. Leistungs- und Erfolgsort sind durch Auslegung zu ermitteln. Hier haben K und V vereinbart, dass V einen Spediteur mit dem Transport der Ware beauftragen soll. Die Leistungshandlung besteht also im Verschicken der Ware. Leistungsort ist damit der Ort der Niederlassung des Verkäufers, Erfolgsort ist dagegen beim Gläubiger. Es handelt sich um eine Schickschuld.

Für den Übergang der Leistungsgefahr kommt es nur auf die Leistungshandlung an. V hat das seinerseits Erforderliche also getan, indem er die Ware gut verpackt an einen zuverlässigen Transporteur übergeben hat, der bisher immer unfallfrei gefahren ist. Damit ist die Leistungsgefahr auf K übergegangen und die Leistungspflicht des V ausgeschlossen, § 275 I BGB.

c) Entfallen des Anspruchs auf Gegenleistung

Das hat zur Folge, dass auch der Anspruch des V auf die Gegenleistung, die Zahlung des Kaufpreises durch K, ausgeschlossen ist, § 326 I 1 BGB. Allerdings gilt § 326 I 1 BGB nur, wenn keine speziellere Regelung vorgeht. Hier könnte § 447 BGB einschlägig sein. Dann bliebe der Gegenleistungsanspruch des V erhalten, weil die Preisgefahr bereits mit Übergabe der Kaufsache an den Transporteur auf K übergegangen wäre.

Voraussetzung wäre, dass es sich um einen Versendungsverkauf im Sinne dieser Vorschrift handelt. V hat auf Verlangen des K die Ware an einen Spediteur übergeben, der die Paletten nach Regensburg bringen sollte. Leistungsort war Hamburg, Erfolgsort Regensburg; V hat die Ware somit an einen anderen Ort als den Erfüllungsort versendet. Es handelt sich demzufolge um einen Versendungskauf, § 447 I BGB. Diese Regelung findet jedoch nach § 474 II BGB keine Anwendung, wenn es sich um einen Verbrauchsgüterkauf handelt. Dazu müsste es sich bei K um einen Verbraucher handeln, § 13 BGB. K ist jedoch Lebensmittelgroßhändler, der bei Abschluss des Rechtsgeschäfts in Ausübung seiner gewerblichen Tätigkeit gehandelt und somit nicht Verbraucher, sondern Unternehmer, § 14 BGB. Deshalb handelt es sich nicht um einen Verbraucherkauf und § 447 I BGB findet Anwendung. Damit ist die Preisgefahr auf K übergegangen und der Kaufpreisanspruch ist nicht nach § 326 I 1 BGB erloschen.

2. Erlöschen durch Aufrechnung, § 389 BGB

Möglicherweise könnte K den Anspruch des V jedoch durch Aufrechnung zum Erlöschen bringen, § 389 BGB. Dazu müssten V und K gegeneinander gleichartige Forderungen haben. V hat gegen K einen Anspruch auf Zahlung von 5000 € aus § 433 II BGB, vgl. oben. K könnte gegen V einen Anspruch auf Schadensersatz statt der Leistung haben, §§ 280 I, III, 283 BGB. Mit dem Kaufvertrag besteht zwischen den Parteien ein Schuldverhältnis. Allerdings hat V selbst keine Verletzungshandlung begangen, die zum Ausschluss der Leistung nach § 275 I BGB geführt hat; insbesondere hat er den Spediteur Sondermann zuverlässig ausgewählt. Das Verhalten des Sondermann muss er sich nicht nach § 278 BGB zurechnen lassen, weil er Sondermann nicht in Erfüllung einer eigenen Pflicht eingesetzt hat; V hat nämlich allein durch Übergabe der Paletten an Sondermann seine Leistung erbracht. Andernfalls würde überdies im Wege der Zurechnung nach § 278 BGB die Gefahrtragungsregel des § 447 BGB ausgehebelt. Deshalb hat K gegen V keinen Anspruch aus §§ 280 I, III, 283 BGB, so dass eine Aufrechnungsmöglichkeit bereits mangels gegenseitiger Forderungen zwischen V und K ausscheidet.

III. Anspruch durchsetzbar, § 320 I BGB

1. Anspruch aus § 433 I BGB

Möglicherweise kann K dem Anspruch des V aus § 433 II BGB jedoch die Einrede des nichterfüllten Vertrages entgegenhalten. Dafür müsste er jedoch seinerseits einen Erfüllungsanspruch aus § 433 I BGB haben, der jedoch nach § 275 I BGB ausgeschlossen ist, vgl. oben.

2. Anspruch aus § 285 I BGB

Möglicherweise kann K dem V jedoch einen Anspruch auf Abtretung des Ersatzanspruchs, den V gegen S hat, nach § 285 I BGB entgegenhalten (Drittschadensliquidation); dieser Anspruch tritt an die Stelle des nach § 275 I BGB ausgeschlossenen Erfüllungsanspruchs aus § 433 I BGB und kann deshalb dem Anspruch aus § 433 II BGB ebenfalls über die Einrede des § 320 I BGB entgegengehalten werden. Damit dieser Anspruch besteht, wäre erforderlich, dass V einen Schadensersatzanspruch gegen S, aber keinen Schaden hat, während K einen Schaden erlitten, aber keinen Schadensersatzanspruch hat. Schließlich müsste diese Schadensverlagerung von V auf K für S zufällig sein.

a) Anspruch V gegen S

Zu prüfen ist zunächst, ob ein Anspruch des V gegen S besteht. Ein derartiger Anspruch ergibt sich aus § 280 I BGB, denn zwischen V und S bestand ein Schuldverhältnis, handelte es sich bei der Mitnahme der Paletten doch nicht nur um eine bloße Gefälligkeit außerhalb der rechtlichen Sphäre. S hat sich grob verkehrswidrig verhalten, dadurch die Paletten zerstört und somit eine Pflichtverletzung begangen. S hat die Pflichtverletzung auch zu vertreten, § 280 I 2 BGB. Ein Anspruch V gegen S ergibt sich überdies aus § 823 I BGB, weil S das Eigentum des V verletzt hat, in dem er die Paletten zerstört hat, und diese Rechtsgutverletzung auch zu vertreten hat. Allerdings fehlt es jeweils an einem Schaden des V, da V dennoch einen Kaufpreisanspruch gegen K hat, vgl. oben.

b) Schaden des K ohne Anspruch

Hingegen hat K einen Schaden in Höhe von 5000 € erlitten, denn er muss diesen Betrag an V bezahlen, ohne den bestellten Espresso zu erhalten. K könnte aber einen Anspruch gegen S auf Ersatz des Schadens aus § 425 HGB haben. Nach dieser Norm kann auch der Empfänger die Ansprüche aus dem Frachtvertrag des Versenders mit dem Frachtführer im eigenen Namen geltend machen. § 421 I 2 Hs. 1 HGB bestimmt, dass der Dritte bei Verlust die Ansprüche aus dem Frachtvertrag im eigenen Namen geltend machen kann. Dabei ist umstritten, ob er nur die Ansprüche des Absenders im eigenen Namen im Prozess geltend machen kann (Prozessstandschaft) oder ob ihm die Ansprüche selbst zustehen. Nach zutreffender Auffassung gibt § 421 I 2 HGB dem Empfänger einen eigenen Anspruch, da diese Regelung zum einen die effektive Verfolgung der Schadensersatzansprüche ermöglichen und zum anderen die Drittschadensliquidation überflüssig machen soll. Somit könnte K seinen Schaden im eigenen Namen gegen S geltend machen.

Dafür müsste aber die Transportvereinbarung zwischen V und S einen Frachtvertrag nach § 407 HGB darstellen. Das wäre dann der Fall, wenn die Beförderung der Paletten zum Betrieb des gewerblichen Unternehmens des S gehört, § 407 III Nr. 2 HGB. S hat den Kaffee aber nur mitgenommen, weil er sowieso in die Nähe fahren musste, um einen Mietwagen zurückzubringen. Aus dem Sachverhalt geht nicht hervor, dass er auch sonst als Transportunternehmer tätig ist. Deshalb besteht kein Anspruch des K gegen S.

c) Zufälligkeit der Schadensverlagerung

Letzte Voraussetzung ist, dass die Schadensverlagerung von V auf K für den Schädiger S zufällig war. Die Verlagerung beruhte auf einer internen Risikoverteilung zwischen V und K, die sich aus § 447 BGB ergibt, und war für S somit zufällig. Damit kann V den Schaden des K liquidieren und schuldet dem K Abtretung dieses Anspruchs, § 398 BGB, der als Surrogat für die zerstörten Espressopackungen in sein Vermögen gelangt ist, § 285 I BGB.

IV. Ergebnis

V hat einen Anspruch gegen K aus § 433 II BGB auf Zahlung von 5000 € Zug um Zug gegen Abtretung des Anspruchs V gegen S an K, § 320 I BGB.

Fall 3 **

An einem Frühjahrswochenende 2007 nahm der Verleger Köbler auf Einladung des Haushaltsgerätediscounters Nobis gemeinsam mit seiner Frau an einer Kaffeefahrt teil. Dabei erwarb Köbler eine computergesteuerte Küchenwaage zum Preis von 50 €, die seine Frau als Briefwaage einsetzen wollte; die Waage war jedoch in Wirklichkeit nur 25 € wert.

Zu Hause gelang es Köbler jedoch nicht, das Gerät in Gang zusetzen. Die beiliegende Gebrauchsanleitung war offensichtlich schlecht aus einer anderen Sprache übersetzt worden und deshalb kaum verständlich. Als Köbler bei Nobis anrief und um Hilfe bei der Installation der Waage bat, erklärte Nobis, dass er derartige Hilfe nicht zu leisten bereit sei. Eine andere Anleitung könne er auch nicht beschaffen, weil sein Lieferant inzwischen pleite sei. Außerdem sei er ein Discounter und ein Kunde, der billig bei einem Discounter kaufe, wisse, dass er dort keine Beratungshotline oder ähnliches erwarten könne.

Als Nobis auch auf erneute Nachfrage des Köbler jegliche Hilfe kategorisch verweigerte, warf der verärgerte Köbler die Waage schließlich im März 2008 in den Mülleimer und erklärt dem Nobis per Email, dass er sein Geld zurück wolle. Nobis verweigerte dies – gekauft sei gekauft. Daraufhin verklagte Köbler den Nobis auf Rückzahlung. In der mündlichen Verhandlung erklärte Nobis, er rechne hilfsweise gegen eigene Forderungen aus dem Vorgang auf. Wie ist die Rechtslage?

Lösung

A. Anspruch des K gegen N auf Rückerstattung des Kaufpreises gemäß §§ 433, 434, 437 Nr. 2, 323 I, 346 I BGB

I. Anspruch entstanden

Möglicherweise kann V von N Zahlung von 50 € aus § 346 I BGB verlangen, wenn ihm ein gesetzliches Rücktrittsrecht nach §§ 433, 434, 437 Nr. 2, 323 I BGB zusteht.

1. Kaufvertrag

Ein wirksamer Kaufvertrag zwischen K und N ist zustande gekommen.

2. Sachmangel

Außerdem dürfte die Waage nicht mangelfrei gem. § 434 BGB sein. Ein Sachmangel liegt vor, wenn die Sache bei Gefahrübergang nicht die vereinbarte Beschaffenheit hat. Eine besondere Beschaffenheitsvereinbarung, § 434 I BGB, haben die Parteien nicht getroffen. Genausowenig haben sie eine bestimmte Verwendung der Waage vorausgesetzt, § 434 I 2 Nr. 1 BGB.

Es könnte allerdings ein Sachmangel gemäß § 434 I 2 Nr. 2 BGB vorliegen. Das ist der Fall, wenn sich die Sache nicht für die gewöhnliche Verwendung eignet oder nicht die Beschaffenheit aufweist, die bei Sachen der gleichen Art üblich ist und die der Käufer nach der Art der Sache erwarten kann. K konnte die Waage nicht benutzen, da die Gebrauchsanleitung nicht verständlich war; dass die Waage selbst einen Defekt aufgewiesen hätte, ist nicht ersichtlich. Die Gebrauchsanweisung ist jedoch ein Teil der Kaufsache, denn eine Gebrauchsanweisung ist bei komplizierteren technischen Geräten unverzichtbar. K konnte diese Gebrauchsanweisung nicht verstehen und infolge dessen auch die Waage nicht benutzen. Somit eignete sich die Waage nicht für die gewöhnliche Verwendung. Die unverständliche Gebrauchsanweisung stellt daher einen Sachmangel gemäß § 434 I 2 Nr. 2 BGB dar. (Vertretbar ist es genauso, die Gebrauchsanweisung mit einer Montageanleitung gleichzusetzen und § 434 II BGB analog anzuwenden).

3. Bei Gefahrübergang

Dieser Mangel lag bei Gefahrübergang, d.h. bei Übergabe der Sache an den Käufer, § 446 BGB, vor.

4. Voraussetzungen des § 323 BGB

Damit konnte K unter den Voraussetzungen des § 323 BGB vom Vertrag zurücktreten, § 437 Nr. 2 BGB. Der Kaufvertrag stellt einen gegenseitigen Vertrag dar. Durch die Lieferung der Waage ohne taugliche Gebrauchsanleitung hat N auch eine Pflichtverletzung begangen. Allerdings müsste K dem N erfolglos eine Frist zur Nacherfüllung gesetzt haben. Das hat K unterlassen. Jedoch könnte die Fristsetzung entbehrlich sein. Die Nachlieferung einer neuen Anleitung ist unmöglich, weil der Lieferant des N nicht mehr existiert, und damit ausgeschlossen, § 275 I BGB. Eine Fristsetzung ist insoweit nicht erforderlich, § 326 V BGB. Jedoch hätte der N dem K Hinweise zur Korrektur der Anleitung geben und die Anleitung auf diese Weise nachbessern können. Insoweit könnte die Fristsetzung jedoch nach § 323 II Nr. 1 BGB entbehrlich sein. N hat Hilfeleistung kategorisch ausgeschlossen und darauf verwiesen, dass er als Discounter derartige Leistungen niemals erbringe. Seine Weigerung war somit sowohl ernsthaft als auch endgültig. Damit war eine Fristsetzung nicht erforderlich und K konnte vom Kaufvertrag zurücktreten.

5. Rücktrittserklärung

Eine Rücktrittserklärung, § 349 BGB, hat K gegenüber N abgegeben, indem er darauf bestand, sein Geld zurückzubekommen. Der Anspruch ist somit entstanden.

II. Anspruch untergegangen, § 389 BGB

Der Anspruch des K gegen N könnte jedoch durch Aufrechnung seitens des N erloschen sein.

N schuldet dem K Zahlung von 50 €. Fraglich ist, ob auch dem N gegen K ein Zahlungsanspruch zusteht. Ein derartiger Anspruch ergibt sich vorliegend aus § 346 I, II Nr. 3 BGB. Grundsätzlich hatte auch N einen Anspruch auf Herausgabe der empfangenen Leistung gegen K, also auf Rückübereignung und Rückgabe der Waage. Beide Ansprüche waren Zug um Zug zu erfüllen, § 348 BGB. Vorliegend hat K die Waage jedoch bereits weggeworfen, so dass er sie nicht mehr zurückgewähren kann. Der Rückgewähranspruch wandelt sich in Folge dessen in einen Anspruch auf Wertersatz, § 346 II Nr. 3 BGB. Die Ausnahme des § 346 III Nr. 3 BGB greift nicht, denn K hat, indem er die Waage verärgert weggeworfen hat, vorsätzlich gehandelt. Fraglich ist, in welcher Höhe K Wertersatz schuldet. Die Waage war lediglich 25 € wert, so dass sich der Anspruch grundsätzlich nach diesem Maßstab bemisst. § 346 II 2 BGB regelt jedoch eine Abweichung: Wenn im Vertrag eine Gegenleistung bestimmt ist, so ist diese als Wert zugrunde zu legen. Damit schuldet K dem N Wertersatz in Höhe von 50 €.

Der Anspruch des N gegen K ist fällig und vollwirksam, die Hauptforderung des K gegen N erfüllbar. Schließlich hat N auch eine Aufrechnungserklärung abgegeben,

§ 388 S. 1 BGB. Allerdings hat N diese Erklärung unter eine Bedingung gestellt, indem er „hilfsweise" aufgerechnet hat. Damit hat N nämlich deutlich gemacht, dass er nur aufrechnen wolle, wenn er sich nicht anders gegen die Forderung des K verteidigen kann. Eine Aufrechnungserklärung ist jedoch bedingungsfeindlich, § 388 S. 2 BGB. Hier kommt jedoch möglicherweise eine Ausnahme in Betracht. Die Bedingungsfeindlichkeit wird angeordnet, um den Empfänger der Aufrechnungserklärung als einseitiger Gestaltungserklärung nicht der Unsicherheit auszusetzen, ob diese Erklärung nun wirksam ist oder nicht. Diese Unsicherheit besteht vorliegend jedoch nicht. Es wird nämlich innerhalb des Prozesses geklärt, ob die anderen Verteidigungsmittel des N greifen oder die Aufrechnungserklärung wirksam wird; § 388 S. 2 BGB ist insoweit teleologisch zu reduzieren. Deshalb konnte N seiner Erklärung die aufschiebende Bedingung beifügen, die auch eingetreten ist, nachdem N sich nicht anders verteidigen konnte.

III. Ergebnis

Damit ist die Forderung des K gegen N aus §§ 433, 434, 437 Nr. 2, 323, 346 I BGB untergegangen, § 389 BGB.

B. Anspruch des K gegen N auf Zahlung von 50 € aus §§ 355 I 1, 357 I 1, 346 I BGB

I. Anspruch entstanden

K könnte gegen N einen Anspruch auf Zahlung von 50 € aus §§ 355 I 1, 357 I 1, 346 I BGB haben. Dafür wäre erforderlich, dass ein verbraucherschützendes Widerrufsrecht des K bestanden hat und von K wirksam ausgeübt wurde.

1. Widerrufsrecht, § 312 I 1 BGB

a) Verbrauchervertrag über entgeltliche Leistung

Ein Widerrufsrecht könnte sich vorliegend aus § 312 I 1 BGB ergeben. Dazu müsste ein Vertrag zwischen K als Verbraucher und N als Unternehmer geschlossen worden sein. Verbraucher ist jede natürliche Person, die ein Rechtsgeschäft zu einem Zweck abschließt, der weder ihrer gewerblichen noch ihrer selbstständigen beruflichen Tätigkeit zugerechnet werden kann, § 13 BGB. Bei K handelt es sich zwar um einen selbstständigen Verleger, er hat die Waage jedoch zur privaten Verwendung durch seine Frau erworben. Somit hat er den Kaufvertrag mit P weder zu beruflichen noch zu gewerblichen Zwecken abgeschlossen und ist Verbraucher. Außerdem müsste N Unternehmer sein. Unternehmer ist eine natürliche oder juristische Person oder eine rechtsfähige Personengesellschaft, die bei Abschluss eines Rechtsgeschäfts in Ausübung ihrer gewerblichen oder selbstständigen beruflichen Tätigkeit handelt, § 14 BGB. Davon ist bei N als Veranstalter von Verkaufskaffeefahrten auszugehen. Der zwischen N und K geschlossene Kaufvertrag, § 433 BGB, bezieht sich auf eine entgeltliche Leistung.

b) Überrumpelungstatbestand

Der Kaufvertrag wurde anlässlich einer von N veranstalteten Freizeitveranstaltung geschlossen, so dass der Überrumpelungstatbestand des § 312 I 1 Nr. 2 BGB erfüllt ist. Das Geschäftsvolumen beträgt 50 €, so dass die Anwendung des § 312 I BGB auch nicht wegen Geringwertigkeit nach § 312 III Nr. 2 BGB ausgeschlossen ist. Ein Widerrufsrecht ist damit gegeben.

2. Formgerechte Widerrufserklärung

K hat sein Widerrufsrecht durch Erklärung gegenüber N ausgeübt. Fraglich ist, ob K die vorgeschriebene Textform, §§ 355 I 2, 126b BGB, gewahrt hat. Erforderlich ist, dass die Erklärung in einer zur dauerhaften Wiedergabe in Schriftzeichen geeigneten Weise abgegeben wird. Das ist bei einer E-Mail-Erklärung der Fall.

3. Widerrufsfrist

Allerdings könnte K die Widerrufsfrist versäumt haben. Sie beträgt nach § 355 II 1 BGB zwei Wochen. K hat jedoch die Waage im Frühjahr 2007 erworben und erst im März 2008 seine Widerrufserklärung abgegeben. Damit wäre die Frist eigentlich abgelaufen. Vorliegend ist jedoch keine Widerrufsbelehrung durch N erfolgt. Nach § 355 III 3 BGB erlischt das Widerrufsrecht in solchen Fällen nicht etwa gemäß § 355 III 1 BGB nach sechs Monaten, sondern überhaupt nicht. Damit war für K keine Frist zu wahren und er hat sein Widerrufsrecht wirksam ausgeübt.

4. Rechtsfolgen

Nach §§ 357 I 1, 346 I BGB ist infolge des Widerrufs die von N empfangene Leistung, also die Zahlung des K in Höhe von 50 €, zurückzugewähren.

II. Anspruch untergegangen

Dieser Anspruch könnte jedoch durch Aufrechnung untergegangen sein, § 389 BGB. Hier kann auf die Ausführungen unter A.II. verwiesen werden. Allerdings ist zu beachten, dass bei einer Verweisung auf § 346 BGB als Rechtsfolge eines verbraucherschützenden Widerrufsrechts in europarechtskonforme Auslegung der Norm § 346 II 2 BGB nicht anwendbar ist, so dass zum Schutz des Verbrauchers der objektive Wert der Sache und nicht ihr überhöhter Kaufpreis zugrunde zu legen ist. Deshalb ist der Anspruch des K gegen N nur in Höhe von 25 € durch Aufrechnung erloschen.

III. Ergebnis

K hat gegen N einen Anspruch auf Zahlung von 25 € aus §§ 355 I 1, 357 I 1, 346 I BGB.

Fall 4 *

Professor Becker wollte Heizkosten sparen und beauftragte den Handwerker Wurstelbacher insbesondere mit dem Einbau neuer Fenster in seinem 60er-Jahre-Haus, die nur einen minimalen Wärmeverlust innerhalb bestimmter Grenzwerte zulassen. Nach Fertigstellung der mehrwöchigen Arbeiten, die von verschiedenen Begleitmaßnahmen zur Dämmung anderer Gebäudeteile flankiert wurden, bezahlte Becker im Oktober 2005 die Rechnung des Wurstelbacher in Höhe von 50 000 €.

Als Becker im Frühjahr 2008 feststellte, dass er nun drei Winter fast so viel Heizöl verbraucht hatte wie in den Jahren zuvor, ließ er die Fenster überprüfen. Dabei stellte sich heraus, dass sie bei weitem nicht so dicht waren, wie Wurstelbacher behauptet hatte. Becker verlangt deshalb von Wurstelbacher den Einbau neuer Fenster, die tatsächlich den angestrebten Spareffekt bringen, oder Rückzahlung der 50 000 €. Wurstelbacher gab zwar zu, dass man die eingebauten Fenster nicht verbessern könne, verweigerte den Einbau neuer Fenster aber mit der Begründung, das Verlangen des Becker laufe auf eine völlige Neuvornahme seiner Arbeiten hinaus, zu der er aber nicht verpflichtet sei. Außerdem habe er sich auf die Aussagen des Herstellers Hollerbach zum Dämmeffekt der Fenster verlassen. Deswegen könne er nichts machen. Und zurückzahlen werde er seinen verdienten Lohn sicherlich auch nicht, zumal der Einbau schon recht lang her sei.

Kann Becker von Wurstelbacher Einbau neuer Fenster verlangen und gegebenenfalls auch vom Vertrag zurücktreten?

Lösung

I. Anspruch B gegen W auf Neuherstellung, §§ 631 I, 633 I BGB

1. Anspruch entstanden

Möglicherweise hat B gegen W einen Anspruch auf Einbau neuer Fenster aus §§ 631 I, 633 I BGB. Dazu müsste zwischen den Parteien ein gültiger Werkvertrag geschlossen worden sein. Vorliegend haben sich B und W darauf geeinigt, dass W gegen entsprechenden Lohn neue Fenster in das Haus des B einbaut. Bei dieser Abrede könnte es sich jedoch auch um einen Kaufvertrag über die Fenster, § 433 BGB, mit einer Nebenabrede zur Montage der Fenster handeln. Entscheidend ist, ob die Verschaffung von Eigentum und Besitz an den Fenstern oder die Schöpfung eines neuen Gesamterfolgs den Schwerpunkt des Vertrages bildet. Vorliegend waren umfangreiche Arbeiten erforderlich, die sich überdies nicht nur auf die Fenster als solche, sondern den Dämmeffekt insgesamt bezogen, so dass vom Vorliegen eines Werkvertrages ausgegangen werden kann. Prägende Vertragspflicht des W ist nicht Lieferung bestimmter Fenster, sondern die Wärmedämmung des Hauses.

2. Anspruch erloschen

Der Anspruch könnte jedoch wieder erloschen sein. Ein Erlöschen wegen Erfüllung, § 362 I BGB, kommt jedoch nicht in Betracht, nachdem die Arbeiten des W nicht annähernd zum gewünschten Erfolg geführt haben.

Allerdings kommt ein Erlöschen nach § 640 BGB in Betracht. Erforderlich wäre dafür, dass B die Werkleistung des W abgenommen hat. Unter Abnahme ist die Entgegennahme des Werkes unter Billigung als jedenfalls weitestgehend vertragsgemäß zu verstehen. B hat nach Fertigstellung der Arbeiten den Werklohn bezahlt, so dass von seiner Billigung des Werkes als vertragsgemäß auszugehen ist. Damit ist der werkvertragliche Primäranspruch erloschen.

II. Anspruch B gegen W auf Nacherfüllung, §§ 631, 633, 634 Nr. 1, 635 BGB

1. Anspruch entstanden

a) Voraussetzungen der Nacherfüllung

Ein Anspruch auf Einbau neuer, entsprechend wärmedämmender Fenster könnte sich jedoch aus §§ 631, 633, 634 Nr. 1, 635 BGB ergeben. Zwischen B und W besteht ein wirksamer Werkvertrag. Außerdem müsste das Werk des W mangelhaft sein. In Betracht kommt ein Sachmangel nach § 633 II 1 BGB. B und W haben vereinbart, dass sich der Wärmeverlust innerhalb bestimmter Grenzwerte halten solle. Dies ist jedoch tatsächlich nicht der Fall. Der Sachmangel müsste bei Gefahrübergang, also bei Abnahme des Werkes, vorgelegen haben. Dies ist hier der Fall, da die Fenster bereits von Anfang an nicht isolierend gewirkt haben, was sich an den Heizkosten zeigt.

b) Ausschluss der Nachbesserung

Damit liegen die Voraussetzungen des § 634 Nr. 1 BGB vor und B kann Nachlieferung verlangen. Allerdings steht dem W das Recht zu, zwischen den beiden Möglichkeiten der Nacherfüllung, der Nachbesserung und der Nachlieferung, zu wählen, § 635 I BGB. Er kann also entweder den Mangel beseitigen oder eine neue, mangelfreie Sache liefern. Es ist jedoch davon auszugehen, dass die eingebauten Fenster nicht zu Fenstern mit geringem Wärmeverlust gemacht werden können. Eine Nachbesserung ist somit ausgeschlossen, § 275 I BGB.

c) Anspruch des B auf Nachlieferung

Somit kommt nur die Lieferung einer mangelfreien Sache in Betracht. Fraglich ist jedoch, ob der Einbau neuer Fenster für W nicht unzumutbar ist, § 635 III BGB. Dann könnte W die Nachlieferung verweigern. Dies ist hier nicht der Fall, da im Verhältnis zu den Kosten ein entsprechender Wert geschaffen wird. Nachlieferung kann somit verlangt werden. Fraglich ist jedoch, ob der Anspruch auf Mängelbeseitigung so weit reicht, dass im Wege der Nachlieferung eine völlige Neuherstellung verlangt werden kann. Zum Teil wird ein solch weitgehender Anspruch abgelehnt, weil § 633 II 1 BGB einen Erfüllungsanspruch gewähre, der sich durch die Abnahme inhaltlich ändere, indem er sich auf das abgenomme Werk beschränke.

Zutreffender ist es jedoch, auf den Zweck der Mängelbeseitigung im Werkvertragsrecht abzustellen, nämlich den Ersatz des mangelhaften Werkes durch ein mangelfreies Werk. Der Nachlieferungsanspruch umfasst hiernach den Ausbau der alten und den Einbau neuer, dämmender Fenster im Haus des B, denn W hat alle Kosten zu tragen, die für seinen zweiten Versuch zur Erstellung eines mangelfreien Werkes anfallen, § 636 II BGB. Eine zum Teil vertretene Gegenauffassung, die die Kosten des erneuten Einbaus der Fenster nur unter den Voraussetzungen eines Pflichtverletzungsanspruchs gewähren möchte, verkennt, dass die Nacherfüllung ohne zusätzliche Kosten oder Risiken des Werkbestellers zu dem Zustand führen muss, zu dessen Herstellung sich der Werkunternehmer verpflichtet hat.

2. Anspruch durchsetzbar

Fraglich ist jedoch, ob der Anspruch auch durchsetzbar ist. W könnte sich nämlich möglicherweise auf die Einrede der Verjährung berufen, § 214 I BGB. Gemäß § 634a I Nr. 1 BGB verjähren werkvertragliche Gewährleistungsansprüche, bei denen die Herstellung, Wartung oder Veränderung einer Sache oder die Erbringung von Planungs- und Überwachungsleistungen geschuldet ist, in zwei Jahren nach Abnahme. Ansonsten greift § 634a I Nr. 3 BGB; es gilt dann die regelmäßige Verjährungsfrist, § 195 BGB.

In fünf Jahren verjähren hingegen die Gewährleistungsansprüche bei Werkverträgen, die sich auf Arbeiten an Bauwerken beziehen, § 634a I Nr. 2 BGB. Bei dem Einbau neuer Fenster handelt es sich um eine Arbeit am Haus, an einem Bauwerk. B hat das Werk im Oktober 2004 abgenommen, die Verjährungsfrist endet demnach im Oktober 2009. Somit ist der Anspruch noch nicht verjährt, W kann nicht die Einrede der Verjährung geltend machen, der Anspruch ist durchsetzbar.

III. Anspruch B gegen W auf Rückzahlung des Werklohns, §§ 631, 633, 634 Nr. 3, 323, 346 I BGB

Möglicherweise kann B auch Rückzahlung des Werklohns Zug um Zug gegen Rückgabe der untauglichen Fenster verlangen, §§ 631, 633, 634 Nr. 3, 323, 346 I BGB. Ein Anspruch auf Nacherfüllung besteht, vgl. oben. Außerdem sollte B dem W zur Sicherheit noch eine Frist zur Nacherfüllung setzen, § 323 I BGB. Ob man in der Äußerung des W, er könne da nichts machen, eine ernsthafte, endgültige Erfüllungsverweigerung sehen kann, die die Fristsetzung nach § 323 II Nr. 1 BGB entbehrlich macht, erscheint zweifelhaft. Weiter bedürfte es noch einer Rücktrittserklärung, § 349 BGB. Sind diese Voraussetzungen erfüllt, so kann B von W Rückzahlung des Werklohns verlangen, freilich nur Zug um Zug gegen Rückgewähr der Leistungen, die er von W erhalten hat, § 348 BGB.

Fraglich ist, ob er darüber hinaus auch einen Anspruch auf Ausbau der neuen Fenster und Wiedereinbau der alten Fenster hat. Zum Teil wird in analoger Anwendung des § 1004 BGB ein Anspruch auf Rücknahme bejaht, weil der Werkunternehmer, der ein mangelhaftes Werk erbringe, mit einem Störer zu vergleichen sei. Nach überwiegender Auffassung hingegen lässt sich der Werkunternehmer nicht mit einem Störer vergleichen, weil er auf vertraglicher Grundlage handelt. Zudem könnte dieser

Anspruch allenfalls auf die Entfernung der neuen, nicht aber auf Wiedereinbau der alten Fenster gerichtet sein, so dass B, der dann ein Haus ohne Fenster hätte, damit nicht gedient wäre. Aus- und Wiedereinbau als Anspruchsziel würde Naturalrestitution bedeuten, die sich aber nicht aus einem verschuldensunabhängigem Rechtsinstitut ergeben kann, während § 346 I BGB zwar einen Anspruch auf Rückgewähr der erbrachten Leistungen, nicht aber auf Rücknahme der erhaltenen Leistungen gibt. Für einen entsprechenden Schadensersatzanspruch fehlte es jedoch am Verschulden des W, der sich auf die Herstellerangaben verlassen durfte.

IV. Ergebnis

B kann somit von W Nacherfüllung verlangen und nach fruchtloser Fristsetzung stattdessen auch vom Vertrag zurücktreten.

Fall 5 **

Annette Altering (A), Inhaberin einer großen Schnellrestaurantkette und begeisterte Hobbyköchin, plante die Hochzeit ihrer Tochter (T). Um für den Festtag gerüstet zu sein, entschloss sie sich dazu, einige Teile ihrer häuslichen Kücheneinrichtung durch moderne Geräte zu ersetzen. Beim Küchenhändler (H) wurde sie schnell fündig und bestellte eine Spülmaschine und einen Backofen, der als letztes Exemplar eines Auslaufmodells besonders günstig war. Die Geräte sollten im Laufe des Monats August geliefert und montiert werden. A war einverstanden, betonte aber, dass am 5. September 2008 die Hochzeit der T stattfinde und deshalb allerspätestens zwei Tage vor der Hochzeit alles geliefert sein müsse. H erklärte daraufhin, A könne sich auf ihn verlassen, spätestens am 3. September 2008 sei „die neue Küche einsatzfähig". Auf dem Weg zum Ausgang entdeckte A noch einen aus hochwertigem Leder gefertigten Chefsessel für ihr Büro, den sie kurzerhand mitbestellte, weil sie annahm, dass er ihre Autorität gegenüber den Mitarbeitern unterstreichen würde. Er soll zusammen mit den anderen Geräten geliefert werden.

Zwischenzeitlich vereinbarte A mit einem Freund (F), dass dieser die alte Spülmaschine günstig erwerben und am 1. September 2008 abholen könne. F holte die Spülmaschine auch am vereinbarten Tag ab. Die neue Spülmaschine wurde jedoch erst am Abend des 10. September 2008 geliefert, obwohl A den H am 2. September 2008 verzweifelt zur sofortigen Lieferung ermahnt hatte. H hatte jedoch erklärt, er habe die Spülmaschine am 3. September 2008 und damit rechtzeitig bestellt, doch habe sich die Lieferung aus unerfindlichen Gründen verzögert. A musste daher für die Zwischenzeit eine Spülmaschine für 20 € pro Tag anmieten.

Der Chefsessel und der Backofen wurden hingegen bereits am 24. August 2008 ordnungsgemäß geliefert. In einem extra Päckchen befand sich eine Auflaufform mit zusätzlicher Rechnung. Dort heißt es unter anderem: „Super günstiges Angebot: Auflaufform im passenden Design zum Backofen. Wenn ich nichts von Ihnen höre, gehe ich davon aus, dass Sie dieses Schnäppchen für 20 € erwerben möchten." A war so mit den Hochzeitsvorbereitungen beschäftigt, dass sie sich um die Auflaufform nicht weiter kümmerte. Am 4. September 2008, dem Polterabend der T, erinnerte sich A an die nach ihrer Ansicht hässliche Auflaufform und nahm sie dorthin mit. Den Chefsessel ließ A ebenfalls erst einmal unausgepackt stehen und sah ihn sich erst einige Tage später genauer an. Empört musste sie dann feststellen, dass der Lederbezug an mehreren Stellen Verarbeitungsfehler aufweist.

Der neue Backofen kam am Tag der Hochzeit zum Einsatz. Aufgrund eines Defektes an der Zeitschaltuhr des Ofens verbrannte jedoch ein Teil des Hochzeitsessens (Wert: 50 €). A bat den H am nächsten Tag aufgebracht um Nachbesserung des Ofens und Lieferung eines fehlerfreien Chefsessels. H ließ daraufhin den Backofen abholen und reparieren. Auf dem Rückweg zu A ging der Ofen aber aufgrund einer Unaufmerksamkeit des H irreparabel zu Bruch. Zur Lieferung eines neuen Chefsessels war H nicht bereit. Aus diesen Gründen sah A keine Veranlassung, den Kaufpreis für Ofen und Sessel zu begleichen, sondern verlangte vielmehr Ersatz für den Mehrbetrag von 100 €, den sie für einen vergleichbaren Backofen aufbringen musste und Ersatz für das verbrannte Essen in Höhe von 50 €. Außerdem forderte sie H abermals zur Nachlieferung eines Chefsessels auf.

Frage 1: Welche Ansprüche hat A gegen H?

Frage 2: Kann H von A Zahlung der Auflaufform verlangen?

Lösung

A. Ansprüche wegen der Spülmaschine

I. Schadensersatz statt der Leistung, §§ 280 I 1, III, 283 BGB

Möglicherweise kann A von H Schadensersatz statt der Leistung, §§ 280, 283 BGB, verlangen. Zwischen A und H besteht ein Kaufvertrag über die Spülmaschine, § 433 BGB. H müsste eine Pflicht aus diesem Schuldverhältnis verletzt haben. Die Leistungspflicht könnte wegen Unmöglichkeit, § 275 I BGB, ausgeschlossen sein. Dann müsste es sich bei dem Geschäft um ein absolutes Fixgeschäft handeln. A benötigte die Spülmaschine für die Hochzeit ihrer Tochter, wollte sie aber auch nach der Hochzeitsfeier weiterbenutzen. Somit handelt es sich nicht um ein absolutes, sondern lediglich um ein relatives Fixgeschäft und ein Ausschluss der Leistungspflicht wegen Unmöglichkeit scheidet aus.

II. Schadensersatz neben der Leistung, §§ 280 I, II, 286 BGB

1. Verzögerung einer fälligen Leistung

In Betracht kommt jedoch ein Anspruch auf Ersatz des Verzugsschadens, §§ 280, 286 BGB. Dazu müssten zunächst die Voraussetzungen des § 280 I BGB erfüllt sein. Ein Schuldverhältnis zwischen A und H liegt in Form eines Kaufvertrages vor. Dem H müsste eine Pflichtverletzung in Form der Verzögerung einer fälligen Leistung zur Last fallen. Aufgrund des Kaufvertrages war H verpflichtet, die Spülmaschine an A zu übereignen und zu übergeben. Der Anspruch der A müsste fällig gewesen sein. Fälligkeit ist der Zeitpunkt, ab dem der Gläubiger die Leistung fordern kann und der Schuldner sie erbringen muss. Nach § 271 BGB kommt es bei der Bestimmung der Fälligkeit in erster Linie auf die Parteivereinbarungen an. A und H haben hier vereinbart, dass die Spülmaschine bis 3. September 2008 geliefert werden soll. H musste somit spätestens an diesem Tag leisten. Da H zu diesem Zeitpunkt nicht geliefert hat, liegt eine Pflichtverletzung in Form der Verzögerung der fälligen Leistung vor.

2. Vertretenmüssen

Des Weiteren müsste H die Leistungsverzögerung zu vertreten haben, was nach § 280 I 2 BGB vermutet wird. H beruft sich jedoch auf Lieferschwierigkeiten bei seinem Lieferanten. Solche Lieferschwierigkeiten können das Vertretenmüssen ausschließen, wenn kein Ausweichen auf einen anderen Lieferanten möglich ist. Allerdings hat H die Spülmaschine hier erst am 3. September 2008 bestellt und kann sich deshalb nicht mit den Lieferproblemen seines Lieferanten entschuldigen.

3. Weitere Voraussetzungen

Ersatz des Verzögerungsschaden kann jedoch gem. § 280 II BGB nur unter den zusätzlichen Voraussetzungen des § 286 BGB verlangt werden. Hiernach setzt der Verzug neben dem Vertretenmüssen, § 286 IV BGB, vgl. oben, voraus, dass der Gläubiger den Schuldner nach Eintritt der Fälligkeit gemahnt hat. Eine Mahnung ist eine ernste und dringliche Aufforderung des Gläubigers an den Schuldner, die fällige Leistung zu erbringen. A hat den H am 2. September 2008 gemahnt, allerdings war als letztmöglicher Liefertermin der 3. September 2008 vereinbart, die Leistung also erst an diesem Tag fällig. Eine Mahnung vor der Fälligkeit, wie sie hier vorliegt, ist unerheblich.

Allerdings könnte die Mahnung nach § 286 II Nr. 1 BGB entbehrlich sein. Dies setzt voraus, dass für die Leistung eine Zeit nach dem Kalender bestimmt war. A und H haben vereinbart, dass die Spülmaschine spätestens am 3. September 2008 geliefert werden soll. Sie haben somit für die Leistung eine Zeit nach dem Kalender festgelegt. Folglich war eine Mahnung entbehrlich. Die Voraussetzungen der §§ 280 I, II, 286 BGB liegen damit vor.

4. Schaden

Aufgrund der Pflichtverletzung des V müsste A einen Schaden erlitten haben. Da H die Spülmaschine nicht rechtzeitig geliefert hat, musste A eine Spülmaschine mieten und dafür 180 € aufwenden.

Allerdings hat sie sich nur deshalb in dieser Situation befunden, weil sie zuvor ihre alte Spülmaschine weggegeben hat. Dadurch könnte der Zusammenhang zwischen Pflichtverletzung und Schaden unterbrochen worden sein. A durfte sich jedoch aufgrund der Lieferzusage des H dazu veranlasst fühlen, die alte Maschine wegzugeben und dadurch Platz für die neue Maschine zu schaffen. Das Handeln der A unterbricht deshalb den Zusammenhang zwischen Lieferungsverzögerung und Schadenseintritt nicht. A hat somit aufgrund der Verzögerung der Leistung einen Schaden in Höhe von 180 € erlitten.

Durch das Weggeben der alten Maschine könnte A jedoch ein Mitverschulden am Schadenseintritt anzulasten sein, § 254 I BGB. Möglicherweise hätte sie zur Sicherheit die alte Maschine vorhalten müssen, weil ihr immerhin erkennbar war, dass es, wie stets bei Warenlieferungen, zu Verzögerungen kommen könnte. Allerdings muss sich ein Anspruchsgläubiger nicht schon von vornherein auf pflichtwidriges Handeln seines Schuldners einstellen, sondern darf grundsätzlich mit pflichtgemäßem Verhalten rechnen. Etwas anderes mag gelten, wenn sich bereits Anzeichen für eine mögliche künftige Pflichtverletzung gezeigt haben; das war vorliegend jedoch nicht der Fall.

5. Ergebnis

A hat somit gegen H einen Anspruch auf Schadensersatz gem. §§ 280 I, II, 286 BGB in Höhe von 180 €.

B. Ansprüche wegen des Backofens

I. Anspruch auf Schadensersatz neben der Leistung iHv 50 €, §§ 433, 434, 437 Nr. 3, 280 I BGB

1. Kaufvertrag, Sachmangel

A könnte gegen H einen Anspruch auf Zahlung von 50 € wegen des verdorbenen Essens aus §§ 433, 434, 437 Nr. 3, 280 I BGB haben. Ein Kaufvertrag zwischen A und H über den Backofen ist zustande gekommen. Zudem müsste der Backofen einen Sachmangel aufweisen. Ein Sachmangel liegt nach § 434 I 1 BGB vor, wenn die Sache nicht die vereinbarte Beschaffenheit aufweist. A und H haben allerdings keine Vereinbarungen über die Beschaffenheit des Backofens getroffen. Ein Sachmangel liegt jedoch auch dann vor, wenn sich die Sache nicht für die gewöhnliche Verwendung eignet, § 434 I 2 Nr. 2 BGB. Die Zeitschaltuhr des Backofens war defekt, so dass das Essen im Ofen teilweise verbrannte. Ein Backofen, bei dem aufgrund eines Defekts der Zeitschaltuhr das Essen verbrennt, eignet sich nicht für die gewöhnliche Verwendung, ein Sachmangel liegt somit vor.

Der Sachmangel müsste außerdem bereits bei Gefahrübergang vorgelegen haben, § 434 I 1 BGB. Der Gefahrübergang findet bei Übergabe der Sache statt, § 446 BGB, vorliegend also am 24. August 2008. Fraglich ist, ob bereits zu diesem Zeitpunkt die Zeitschaltuhr defekt war. Dies wird vermutet, wenn sich der Mangel innerhalb von sechs Monaten nach Gefahrübergang zeigt und es sich um einen Verbrauchsgüterkauf im Sinne des § 474 BGB handelt, § 476 BGB. A hat als Verbraucherin, § 13 BGB, gehandelt. Dass sie im Zuge ihres Einkaufs auch einen Chefsessel für ihr Büro gekauft hat, ändert daran nichts. H ist Unternehmer, § 14 BGB, es handelt sich somit um einen Verbrauchsgüterkauf. Der Mangel ist bereits wenige Tage nach Gefahrübergang aufgetreten, gemäß § 476 BGB wird demzufolge vermutet, dass er bereits bei Gefahrübergang vorlag.

2. Käuferrechte aus § 437 BGB

A kann damit ihre Käuferrechte aus § 437 BGB geltend machen. Sie begehrt Schadensersatz neben der Leistung (Ersatz eines Mangelfolgeschadens) und ist deshalb nicht auf vorrangige Nacherfüllung verwiesen, weil dadurch der Schaden nicht beseitigt würde. Vielmehr kann sie aus § 280 I BGB Schadensersatz verlangen. Als weitere Voraussetzung ist deshalb nur zu prüfen, ob H die Pflichtverletzung, d.h. die Lieferung der mangelhaften Kaufsache zu vertreten hat. H kann die Vermutung des § 280 I 2 BGB vorliegend nicht widerlegen. Aufgrund der Pflichtverletzung ist der A ein Schaden entstanden, denn aufgrund des Defekts an der Zeitschaltuhr verbrannte ein Teil des Hochzeitsessen mit einem Wert von 50 €.

3. Ergebnis

A hat somit gegen H einen Anspruch auf Schadensersatz von 50 €, §§ 433, 434, 437 Nr. 3, 280 I BGB.

II. Anspruch auf Schadensersatz iHv 50 €, § 823 I BGB

1. Rechtsgutsverletzung

Ein Anspruch in Höhe von 50 € wegen des verdorbenen Essens kann sich daneben auch aus § 823 I BGB ergeben. Zunächst müsste eine Rechtsgutsverletzung vorliegen. Vorliegend ist eine Substanzverletzung an den Nahrungsmitteln, die im Eigentum der A standen, erfolgt. Diese Rechtsgutsverletzung müsste auf einer Verletzungshandlung des H beruhen. H hat der A einen mangelhaften Ofen geliefert. Allerdings ist nicht allein durch die Lieferung des Ofens die Eigentumsverletzung erfolgt. Vielmehr ist ein Verhalten der A, die den Ofen bedient hat, dazwischengetreten. Dieses regelgerechte Verhalten der A unterbricht jedoch nicht den Zurechnungszusammenhang zwischen der Verletzungshandlung des H und der Eigentumsverletzung.

2. Rechtswidrigkeit

Das Vorliegen der Rechtsgutverletzung indiziert die Rechtswidrigkeit.

3. Vertretenmüssen

H müsste schließlich die Rechtsgutverletzung zu vertreten haben, ihm müsste also zumindest Fahrlässigkeit anzulasten sein. Dafür ist jedoch nichts ersichtlich. Der Haushaltsgerätehändler H musste nicht bemerken, dass die Zeitschaltuhr an einem der von ihm verkauften Geräte defekt ist; ihn trifft keine entsprechende Prüfungspflicht.

4. Ergebnis

Ein Anspruch aus § 823 I BGB scheidet deshalb aus.

III. Anspruch auf Schadensersatz statt der Leistung iHv 100 €, §§ 433, 434, 437 Nr. 3, 280 I, III, 283 BGB

Ein gültiger Kaufvertrag liegt vor; der verkaufte Herd war mangelhaft. Die Erbringung der von H geschuldeten Leistung ist unmöglich geworden, § 275 I BGB, und A kann deshalb ohne Fristsetzung sogleich Schadensersatz statt der Leistung verlangen, § 283 BGB: Der Backofen wurde nach der Reparatur auf der Fahrt zu A irreparabel zerstört; Nachbesserung ist also ausgeschlossen. Auch eine Nachlieferung kommt nicht in Betracht, da es sich bei dem Backofen um das letzte Exemplar eines Auslaufmodells handelt. Diese Pflichtverletzung hat H auch zu vertreten, § 280 I 2 BGB. Er hat A deshalb so zu stellen, wie er bei Anlieferung des ordnungsgemäß reparierten Herdes stünde und muss ihr deshalb die 100 € ersetzen, die sie zusätzlich für einen Deckungskauf aufwenden musste.

IV. Anspruch aus § 823 I BGB

Ein Anspruch wegen der Zerstörung des Herdes ergibt sich zudem auch aus § 823 I BGB. Der Herd stand bereits im Eigentum der A, das durch die Zerstörung des Herdes seitens des H rechtswidrig verletzt wurde. Der unachtsame H muss diese Eigentumsverletzung auch vertreten und hat deshalb A den Wert des zerstörten Herdes zu ersetzen, § 249 I BGB.

C. Anspruch auf Nacherfüllung, §§ 433, 434, 437 Nr. 1 BGB wegen des Chefsessels

I. Voraussetzungen der Nacherfüllung

Ein wirksamer Kaufvertrag zwischen A und H ist zustande gekommen. Der Chefsessel ist auch mangelhaft, weist er doch Verarbeitungsfehler auf und entspricht damit nicht der Beschaffenheit, die A als Käuferin erwarten durfte, § 434 I 2 Nr. 2 BGB. Dieser Mangel lag bereits bei Gefahrübergang, § 446 BGB, vor.

II. Ausschluss des Nacherfüllungsanspruchs

Der Anspruch auf Nacherfüllung könnte jedoch ausgeschlossen sein, § 377 I HGB. Voraussetzung wäre, dass es sich bei dem Kauf für beide Teile um ein Handelsgeschäft handelt. Handelsgeschäfte sind alle Geschäfte eines Kaufmanns, die zum Betrieb seines Handelsgewerbes gehören, § 343 I HGB. Küchenhändler H ist Kaufmann, § 1 HGB, das Geschäft gehörte auch zum Betrieb seines Handelsgewerbes. Gleiches gilt für A als Inhaberin einer großen Schnellrestaurantkette.

A müsste es außerdem unterlassen haben, die Ware unverzüglich nach der Lieferung zu untersuchen und dem H im Falle eines Mangels unverzüglich Anzeige zu machen. Unverzüglich bedeutet ohne schuldhaftes Zögern, § 121 Abs. 1 Satz 1 BGB. A hat den Chefsessel erst zwei Wochen nach der Lieferung untersucht und erst dann den Mangel bemerkt. Eine Untersuchung des Sessels wäre ihr schon deutlich früher möglich gewesen; auf die Ablenkung der A durch die Hochzeitsvorbereitungen kann es dabei nicht ankommen. Somit hat A es bereits unterlassen, den Chefsessel unverzüglich zu untersuchen. Damit hat A ihr Mängelrecht verwirkt.

Etwas anderes ergibt sich auch nicht aus § 377 II HGB, denn der Verarbeitungsfehler war deutlich zu erkennen.

III. Ergebnis

Demzufolge hat A keinen Anspruch gegen H auf Nacherfüllung aus §§ 433, 434, 437 Nr. 1 BGB.

D. Anspruch auf Zahlung von 20 € aus § 433 II BGB für die Auflaufform

I. Voraussetzungen des Zahlungsanspruchs

Ein Anspruch des H gegen A auf Zahlung der Auflaufform setzt voraus, dass zwischen H und A ein Kaufvertrag über die Form geschlossen wurde. H und A müssten sich also über die essentialia negotii, Kaufsache und Kaufpreis, geeinigt haben. Das Zuschicken der Auflaufform an A stellt ein Angebot des H dar, das mit Zugang bei der Empfängerin A wirksam geworden ist, § 130 I BGB. Insbesondere handelt es sich nicht nur um eine bloße invitatio ad offerendum, nachdem sich H durch diese Erklärung bereits binden wollte.

A müsste das Angebot des H angenommen haben. In der Mitnahme der Auflaufform zu dem Polterabend könnte eine konkludente Annahmeerklärung der A zu sehen sein. Auch bei der Annahme handelt es sich jedoch um eine empfangsbedürftige Willenserklärung, die mit Zugang beim Empfänger, hier H, wirksam wird, § 130 I BGB. Vorliegend ergibt sich jedoch etwas anderes aus § 151 Satz 1 Alt. 1 BGB: H hat ausdrücklich auf den Zugang der Annahmeerklärung verzichtet, indem er in seinem Schreiben ausgeführt hat, er gehe von einer Annahme aus, wenn er nichts anderes höre.

Fraglich ist aber, ob im Zerstören der Auflaufform auf dem Polterabend wirklich eine konkludente Annahmeerklärung gesehen werden kann, handelt es sich doch nicht um den bestimmungsgemäßen Gebrauch der Form. Auf die Beantwortung dieser Frage kommt es vorliegend auch an: Allein im Schweigen der A auf das Angebot des H kann keine Annahme gesehen werden. Die Parteien haben nicht vereinbart, dass das Schweigen diesen Erklärungswert besitzen solle; einseitig kann H dem Schweigen der A nicht diesen Erklärungswert zumessen. Insbesondere gilt nicht § 362 HGB, weil A mit dem Kauf der Form kein Geschäft tätigen würde, das zu ihrem Handelsgewerbe gehört.

Indem sie die Form mit zum Polterabend genommen hat, hat A sich so verhalten, als gehöre die Form ihr; diesen Zustand könnte sie jedoch letztlich nur durch Abschluss eines Kaufvertrages über die Form erreichen. Dieser Umstand spricht für eine konkludente Annahme des Angebots auch durch nichtbestimmungsgemäßen Gebrauch der Form. Auf der anderen Seite ist § 241a BGB zu beachten, der sämtliche Ansprüche des Zusenders unbestellter Ware gegen den Empfänger ausschließt. Diese Norm erfasst zwar gerade nicht vertragliche Ansprüche, sondern nur solche Ansprüche, die sich unmittelbar aus der Zusendung ergeben. Jedoch hat sie gerade deshalb auch Einfluss auf die Frage, wann von einer konkludenten Annahme auszugehen ist und legt nahe, im Zweifel nicht von einer Annahme auszugehen, weil durch die Behauptung einer konkludenten Annahme des Angebots des Zusenders gerade Ansprüche des Zusenders gegen den Empfänger begründet werden.

II. Ergebnis

Hiernach besteht also kein Kaufvertrag über die Auflaufform zwischen H und A und H hat deshalb keinen Anspruch aus § 433 II BGB gegen A (a.A. vertretbar).

Fall 6 **

Student Sepp Schnitzler (S) aus Singen leidet seit Einführung der Studiengebühren an dauerhaftem Geldmangel. Als er von Franz Engler (F, 16 Jahre), einem Freund seines kleinen Bruders, erfuhr, dass dieser verzweifelt auf der Suche nach einem guten gebrauchten Moped sei, um damit zu seiner Lehrstelle fahren zu können, kam S eine Idee. Er könnte bei seinem alten Kumpel, dem Gebrauchtwagenhändler Heinz Zurlinden (H) aus Konstanz, ein geeignetes Moped auswählen und mit Gewinn an F weiterverkaufen. F war mit diesem Vorschlag einverstanden und schilderte dem S seine Vorstellungen. S begab sich daraufhin zu H und wurde nach längerem Suchen fündig. Das unter vielen Exemplaren ausgewählte Moped trug das Preisschild: „Super-Moped in unfallfreiem Zustand zum Super-Spar-Preis von 300 €".

Auf Nachfrage des S, ob die Angaben auf dem Schild auch wirklich zuträfen, erklärte H, dafür stehe er „hundert Prozent gerade". S rief sogleich bei F an, der das Moped gerne für 350 € erwerben wollte. Die Finanzierung sei für ihn kein Problem, weil er ja vor kurzem eine Schreinerlehre begonnen habe und monatlich 350 € verdiene, die ihm seine Eltern zur freien Verfügung überließen. Den Führerschein habe er schon vor einem Jahr mit Einverständnis seiner Eltern gemacht. Den Kaufpreis werde er dann bei Übergabe des Mopeds bezahlen.

Daraufhin unterschrieb S den von H vorgelegten Vertrag, auf dem unter anderem folgende AGB-Klauseln abgedruckt sind: „§ 5 – Der Rücktritt vom Vertrag ist ausgeschlossen." Und „§ 9 – Ansprüche auf Schadensersatz sind mit Ausnahme der Haftung für Schäden aus der Verletzung des Lebens, des Körpers oder der Gesundheit ausgeschlossen.". Auf dem Weg zu F wurde S in einen Unfall verwickelt, bei dem das Moped einen Totalschaden erlitt. Bei der Erstellung des Unfallsachverständigengutachtens stellte sich heraus, dass das Moped aufgrund eines Unfalls des Vorbesitzers Valentin Spiri (V) erheblich schadhaft war. Vom Unfallgegner Ulrich Letsche (U) erhielt S auf Grundlage des Gutachtens lediglich 50 €, denn Ergebnis der Gutachtens war, dass Hauptursache des Unfalls der Vorschaden des Mopeds war.

Erbost suchte S tags darauf den H auf und verlangte die 300 € Kaufpreis und den entgangenen Gewinn in Höhe von 50 €. H lehnte dies mit Verweis auf seine AGB ab. Außerdem erklärt er wahrheitsgemäß, vom Unfallschaden des Mopeds nichts gewusst zu haben, weil bei der von ihm durchgeführten Sichtkontrolle der Schaden nicht zu entdecken gewesen sei. Nach kurzem Zögern fügte H jedoch hinzu: Wenn er schon der Freundschaft wegen bereit sei, den Kaufpreis zurückzuzahlen, obwohl das Moped jetzt ein Wrack sei, dann rechne er auch mit seinen Gegenansprüchen auf, auf die er ganz ausdrücklich beharre. Einen Anspruch aus dem entgangenen Weiterverkauf könne S zudem schon deshalb nicht haben, weil ein gültiger Vertrag zwischen S und F nicht zustande gekommen sei.

S bittet nun seinen Rechtsanwalt Gietl um ein Gutachten, in dem geklärt werden soll, welche Ansprüche ihm gegen H zustehen und wie er diese gegebenenfalls auch gerichtlich durchsetzen kann.

Lösung

A. Anspruch auf Zahlung von 300 € aus §§ 433, 434, 437 Nr. 2 Alt. 1, 326 V, 323 I, 346 I BGB

Ein Anspruch des S gegen H aus §§ 433, 434, 437 Nr. 2 Alt. 1, 326 V, 323 I, 346 I BGB auf Rückzahlung des Kaufpreises in Höhe von 300 € bestünde, wenn S ein Rücktrittsrecht zustünde, das er wirksam ausgeübt hat.

I. Rücktrittsrecht

Damit S gegen H einen Anspruch aus § 346 I BGB geltend machen kann, müsste ihm zunächst ein Rücktrittsrecht zustehen. S und H haben einen wirksamen gegenseitigen Vertrag, den Kaufvertrag über das Moped, geschlossen. Außerdem müsste das Moped bei Gefahrübergang einen Sachmangel aufgewiesen haben. Ein Sachmangel liegt vor, wenn die Sache nicht die vereinbarte Beschaffenheit aufweist, § 434 I 1 BGB. Vereinbart war ausdrücklich der Verkauf eines unfallfreien Mopeds; H hat hierfür sogar garantiert. Das Moped war jedoch nicht unfallfrei, so dass ein Sachmangel vorliegt. Dieser Sachmangel lag auch bei Übergabe der Sache und somit bei Gefahrübergang, § 446 S. 1 BGB, vor, weil er aus einem Unfall des Vorbesitzers herrührte. Damit kann S seine Käuferrechte aus § 437 BGB geltend machen, also auch das in §§ 437 Nr. 2 Alt. 1, 323 I BGB geregelte Rücktrittsrecht ausüben.

II. Fristsetzung

Ein Rücktritt ist jedoch nur möglich, wenn S dem H zunächst vergeblich eine Frist zur Nacherfüllung gesetzt hat, § 323 I BGB; eine derartige Fristsetzung ist jedoch nicht erfolgt. Sie könnte jedoch nach § 326 V BGB entbehrlich gewesen sein. Das wäre dann der Fall, wenn beide Arten der Nacherfüllung nach § 275 I BGB ausgeschlossen wären. Eine Nachbesserung scheidet aus, weil aus einem Unfallmoped kein unfallfreies Moped gemacht werden kann und das Moped überdies bei dem Unfall völlig zerstört wurde.

Möglicherweise kommt aber die Nachlieferung eines anderen Mopeds in Betracht. Vorliegend handelt es sich jedoch um einen Stückkauf, so dass eine Nachlieferung nicht ohne Weiteres möglich ist. Zwar unterscheidet das Gesetz in § 439 I BGB nicht zwischen Stück- und Gattungskäufen, jedoch kommt nach zutreffender Auffassung eine Nachlieferung dann nicht in Betracht, wenn nach dem Vertragsinhalt die Kaufsache von den Parteien nicht als vertretbar angesehen worden ist. Das war vorliegend der Fall, denn S hat unter vielen Modellen bewusst ein bestimmtes Moped ausgewählt; es kommt eine Nachlieferung somit nicht in Betracht.

Damit bedurfte es keiner Fristsetzung, § 326 V BGB, und S konnte ohne Weiteres vom Vertrag zurücktreten, § 323 I BGB, nachdem H seine Pflicht aus dem Kaufvertrag als gegenseitigem Vertrag nicht wie geschuldet erfüllt hat.

III. Ausschluss des Rücktritts

Der Rücktritt könnte jedoch durch § 5 der AGB ausgeschlossen sein. Die Klausel wurde nach § 305 II, III BGB in den Vertrag einbezogen. Ein Gewährleistungsausschluss ist grundsätzlich auch zulässig, § 444 BGB, bei gebrauchten Sachen auch im Rahmen von AGB, § 309 Nr. 8 lit. b BGB. Jedoch hat H für die Unfallfreiheit garantiert und kann schon deshalb die Haftung insoweit nicht wirksam ausschließen, § 444 Alt. 2 BGB.

Außerdem könnte es sich vorliegend um einen Verbrauchsgüterkauf handeln, § 474 I 1 BGB. Die Rechte des Käufers aus § 437 Nr. 1 und 2 BGB könnten dann insgesamt nicht ausgeschlossen werden, § 475 I 1, III BGB. H ist Unternehmer im Sinne des § 14 BGB, fraglich ist jedoch, ob es sich bei S um einen Verbraucher handelt. Verbraucher ist jede natürliche Person, die ein Rechtsgeschäft zu einem Zwecke abschließt, der weder ihrer gewerblichen noch ihrer selbstständigen beruflichen Tätigkeit zugerechnet werden kann, § 13 BGB. S hat das Moped nicht für sich gekauft, sondern von vornherein geplant, es mit Gewinn weiterzuveräußern. Allerdings ist dieses Geschäft nach Vorstellung des S nicht Auftakt zu einer Serie derartiger Geschäfte, also einer planmäßigen und auf Dauer angelegten, mit der Absicht auf Gewinnerzielung oder laufende Einnahmen ausgeübten und äußerlich erkennbar hervortretenden Tätigkeit, sondern eine einmalige Einnahmequelle. Deshalb kann das Geschäft nicht einer gewerblichen oder selbstständigen beruflichen Tätigkeit des S zugerechnet werden und S ist Verbraucher im Sinne des § 13 BGB. Bei dem Moped handelt es sich schließlich auch um eine bewegliche Sache, ein Verbrauchsgüterkauf liegt demnach vor und der Rücktritt wegen eines Sachmangels konnte nicht ausgeschlossen werden.

IV. Rücktrittserklärung

Indem S den H zur Rückzahlung der 300 € aufgefordert hat, hat er konkludent seinen Rücktritt erklärt, § 349 BGB. Der Kaufvertrag hat sich mit Zugang der Erklärung, § 130 I BGB, bei H in ein Rückgewährschuldverhältnis gewandelt; gemäß § 346 I

BGB sind die empfangenen Leistungen zurückzugewähren. S hat deshalb einen Anspruch auf Zahlung von 300 € gegen H, § 346 I, II 1 Nr. 2 BGB.

V. Erlöschen des Anspruchs

Der Anspruch auf Rückzahlung des Kaufpreises könnte jedoch durch Aufrechnung untergegangen sein. Eine Aufrechnungserklärung, § 388 BGB, des H liegt vor, nachdem H erklärt hat, er poche auf seine Gegenansprüche. Fraglich ist jedoch, ob dem Zahlungsanspruch des S gegen H aus § 346 I, II 1 Nr. 2 BGB ein Zahlungsanspruch auch des H gegen S gegenübersteht, der überdies fällig und einredefrei ist.

Eine solche Gegenforderung könnte sich aus § 346 II 1 Nr. 3 BGB ergeben. S ist verpflichtet, dem H das Moped zurückzuübereignen und zurückzugeben. Beides ist aufgrund der Zerstörung des Mopeds nicht möglich. Stattdessen schuldet S Wertersatz, § 346 I, II 1 Nr. 3 BGB. Die Pflicht zum Wertersatz könnte jedoch gemäß § 346 III 1 Nr. 3 BGB entfallen. Es liegt ein gesetzliches Rücktrittsrecht vor. Außerdem müsste der Untergang der Sache eingetreten sein, obwohl S diejenige Sorgfalt beobachtet hat, die er in eigenen Angelegenheiten anzuwenden pflegt. S hat den Unfall nicht verschuldet und damit diesem Sorgfaltsmaßstab genügt. Die Pflicht zum Wertersatz entfällt somit.

Allerdings verweist § 346 III 2 BGB auf §§ 818 ff BGB. Demnach muss S die verbleibende Bereicherung herausgeben, auch wenn er nicht zum Wertersatz verpflichtet ist. S hat von U 50 € bekommen; diese verbleibende Bereicherung muss er dem H herausgeben. Weil H mit dieser Forderung aufgerechnet hat, ist der Kaufpreisrückzahlungsanspruch des S gegen H in Höhe von 50 € erloschen.

VI. Ergebnis

S kann von H aus §§ 433, 434, 437 Nr. 2, 326 V, 323 I, 346 I, II 1 Nr. 2 BGB lediglich Zahlung von 250 € verlangen.

B. Anspruch auf Schadensersatz aus §§ 433, 434, 437 Nr. 3, 311a II BGB

Trotz des Rücktritts vom Kaufvertrag könnte S gegen H überdies, § 325 BGB, einen Anspruch auf Schadensersatz statt der Leistung aus §§ 433, 434, 437 Nr. 3, 311a II BGB haben. Er kann sich freilich auch auf den Schadensersatzanspruch beschränken.

I. Unmögliche Leistung

Ein Kaufvertrag zwischen S und H liegt vor, das gekaufte Moped wies bei Gefahrübergang einen Sachmangel auf. Die Erbringung der geschuldeten Leistung, der ausgewählten Mopeds als unfallfreies Moped, war bereits bei Vertragsschluss unmöglich und damit ausgeschlossen, § 275 I BGB.

II. Vertretenmüssen

Zudem müsste H das Leistungshindernis bei Vertragsschluss nicht gekannt haben und seine Unkenntnis auch nicht zu vertreten haben. Das Vertretenmüssen wird in

§ 311a II 2 BGB vermutet. H beruft sich jedoch darauf, dass er das Leistungshindernis nicht gekannt habe. Dies allein genügt jedoch nicht für Widerlegung der Vermutung. Das Vertretenmüssen bemisst sich vielmehr nach dem Maßstab des § 276 I BGB, so dass H darlegen muss, dass seine Unkenntnis nicht auf Fahrlässigkeit beruht. Fraglich ist also, ob H die im Verkehr erforderliche Sorgfalt beachtet hat. H hat vorliegend eine Sichtkontrolle durchgeführt. Eine solche Kontrolle ist ausreichend, es besteht für einen Gebrauchtwarenhändler keine umfassende Untersuchungspflicht, wenn nicht konkrete Anhaltspunkte für Defekte bestehen; solche Anhaltspunkte lagen jedoch nicht vor. Somit beruhte die Unkenntnis des H auch nicht auf Fahrlässigkeit und H hat das Leistungshindernis nicht zu vertreten.

Fraglich ist allerdings, wie es sich auswirkt, dass H für den unfallfreien Zustand „hundert Prozent gerade" stehen wollte. Diese Aussage lässt sich so verstehen, dass H verschuldensunabhängig für die Unfallfreiheit einstehen, also garantieren wollte. Durch diese Garantie tritt eine Haftungsverschärfung im Vergleich zum gewöhnlichen Maßstab aus § 276 I BGB ein und H hat das Leistungshindernis auch ohne Fahrlässigkeit zu vertreten.

III. Schaden

Dem S müsste schließlich ein Schaden entstanden sein. S verlangt Schadensersatz statt der Leistung, ist also so zu stellen, wie er stünde, wenn das Moped die vereinbarte Eigenschaft gehabt hätte. In diesem Fall hätte S das Moped für 350 € an F weiterveräußert, nachdem er zuvor 300 € für den Erwerb des Mopeds investiert hatte (Hypothetische Vermögenslage). Tatsächlich hat S ebenfalls 300 € aufgewendet, nicht aber 350 € von F erhalten, weil er diesem das zerstörte Moped nicht verkaufen konnte. S hätte hiernach einen Schaden in Höhe von 350 € erlitten.

Dieser Schaden beruht auch auf der Pflichtverletzung des H: Hätte H dem S kein Unfallmoped verkauft, wäre der Unfall nicht geschehen und S hätte das Moped an F weiterveräußern können. Allerdings beruht auf dem Unfall auch die Zahlung von 50 € durch U an S. Diese Zahlung muss sich S deshalb mit Wege des Vorteilsausgleichs anrechnen lassen, so dass sein Schaden lediglich auf 300 € zu beziffern ist.

Es stellt sich allerdings die Frage, ob der Schaden sich nicht tatsächlich nur auf 250 € beläuft, weil S zwar bei pflichtgemäßem Verhalten des H ein Moped im Wert von 300 € besäße, jetzt aber nur die 50 € von U in seinem Vermögen hat, eine Weiterveräußerung an F jedoch gescheitert wäre. Zu prüfen ist nämlich, ob überhaupt ein wirksamer Vertrag zwischen S und F über das Moped vorliegt. S hat dem F am Telefon ein Angebot gemacht, F müsste dieses Angebot jedoch auch angenommen haben. F hat die Annahme des von S gemachten Vertragsangebots zwar erklärt, fraglich ist jedoch, ob die Annahmeerklärung des F rechtlich wirksam ist, da die Willenserklärung eines beschränkt Geschäftsfähigen, §§ 2, 106 BGB, zu ihrer Wirksamkeit grundsätzlich der Einwilligung des gesetzlichen Vertreters bedarf. Etwas anderes gilt nur, wenn das Rechtsgeschäft für den Minderjährigen lediglich rechtlich vorteilhaft ist, § 107 BGB, oder die Ausnahmevorschriften der §§ 110, 112, 113 BGB greifen.

Die Willenserklärung des F dient dem Abschluss eines Kaufvertrages, der F zur Kaufpreiszahlung verpflichtet und deshalb nicht unter § 107 BGB fällt. Eine Einwilligung zu diesem Kaufvertrag durch den gesetzlichen Vertreter liegt nicht vor. In der Zustimmung zum Erwerb des Führerscheins und Antritt einer Lehrstelle auswärts liegt keine Einwilligung in den Kauf eines Mopeds, da der Kauf des Mopeds weder mit dem Führerscheinerwerb noch mit dem Antritt der Lehrstelle in zwingendem Zusammenhang steht. § 113 BGB greift nicht ein, da die Vorschrift nur auf Dienst- und Arbeitsverhältnisse, nicht jedoch auf eine Lehrstelle angewendet werden kann.

Die Annahmeerklärung könnte jedoch auch ohne Einwilligung der gesetzlichen Vertreter wirksam sein, wenn F die Leistung mit Mitteln bewirkt, die ihm vom gesetzlichen Vertreter zur freien Verfügung überlassen worden sind, § 110 BGB. Die Eltern haben F das Geld, das er bei seiner Lehre verdient, zur freien Verfügung überlassen. Allerdings hat F die Leistung noch nicht bewirkt. Er hat den Kaufpreis nämlich noch nicht an S bezahlt. Zwischen F und S ist demzufolge kein wirksamer Kaufvertrag zustande gekommen. Somit könnte S nicht die 50 € entgangenen Gewinn verlangen und hätte lediglich einen Anspruch auf Schadensersatz in Höhe von 250 €.

Allerdings hätte F dem S die 350 € bei Übergabe des Mopeds bezahlt und den Kaufvertrag damit wirksam gemacht. S befand sich mit dem Moped bereits auf dem Weg zu F. Die Erwerbsaussicht des S hat sich damit bereits so weit verdichtet, dass sich ein Schaden in Höhe von 300 € annehmen lässt, auch wenn zwischen S und F noch kein gültiger Vertrag bestand, weil beide Parteien willens waren, ihre Vereinbarung durchzuführen. Somit hätte S gegen H einen Anspruch auf Schadensersatz statt der Leistung in Höhe von 300 €. Ist S auch zurückgetreten und erhält deshalb bereits 250 € aus dem unter (A.) geprüften Anspruch, reduziert sich die Schadenshöhe freilich entsprechend auf 50 €.

IV. Anspruchsausschluss

Allerdings könnte ein Schadensersatzanspruch wegen § 9 der AGB ausgeschlossen sein. Ein derartiger Ausschluss ist auch beim Verbrauchsgüterkauf grundsätzlich möglich, § 475 III BGB. Die AGB-Klausel verstößt auch nicht gegen § 309 Nr. 8b aa BGB, weil es sich bei dem Mofa um eine gebrauchte Sache handelt. Jedoch verstößt die Klausel gegen § 309 Nr. 7b BGB, weil sie auch die Haftung für grob fahrlässige und vorsätzliche Pflichtverletzungen ausschließt, und ist deshalb unwirksam. Hinzu kommt, dass H eine Garantie übernommen hat, so dass der Haftungsausschluss nicht durchgreift, soweit der Schaden, wie vorliegend, seine Ursache gerade im Fehlen einer garantierten Beschaffenheit der Sache hat, § 444 Alt. 2 BGB.

V. Ergebnis

Somit kann S von H Zahlung von 300 € aus §§ 433, 434, 437 Nr. 3, 311a II BGB verlangen.

C. Anspruch auf Schadensersatz aus § 823 I BGB

Ein Anspruch aus § 823 I BGB scheidet hingegen aus. S hat bereits ein defektes Moped erhalten. Es war auch nicht nur ein abgrenzbares Bauteil defekt, das dann die Zerstörung des Mopeds insgesamt verursacht hat, so dass auch unter dem Gesichtspunkt des Weiterfresserschadens eine Verletzung des Eigentums des S nicht in Betracht kommt.

D. Rechtsverfolgung

S muss Leistungsklage gegen H einreichen mit dem Antrag, dass der Beklagte zur Zahlung von 300 € an den Kläger verurteilt werde. Sachlich zuständig ist das Amtsgericht, §§ 23 Nr. 1, 71 GVG. Die örtliche Zuständigkeit richtet sich nach dem Wohnsitz des Beklagten, §§ 12, 13 ZPO, so dass das AG Konstanz zuständig ist. Als Wahlgerichtsstand, § 35 ZPO, kommt der besondere Gerichtsstand des Erfüllungsorts, § 29 ZPO, in Betracht. Vorliegend handelt es sich um eine Holschuld, Leistungs- und Erfüllungsort liegen deshalb am Wohnsitz des Schuldners, so dass auch der besondere Gerichtsstand des Erfüllungsorts in Konstanz liegt. Möglicherweise ist zuvor eine nach Landesrecht vorgeschriebene obligatorische Streitschlichtung durchzuführen. Nach § 1 I Nr. 1 SchlG BW ist beispielsweise bis zu einem Streitwert von 750 € ein Verfahren vor einer Gütestelle notwendig, bevor Klage vor dem AG erhoben werden kann.

Fall 7 *

Die kleine Lara (L) ging am 15. September 2007 – wie jeden Samstag – zusammen mit ihrer Mutter, Frau Winkler (W), in den Feinkostladen Melchior Meyer (M) zum Einkaufen. W und L schlenderten durch den Laden und genossen es, allerlei Köstlichkeiten für das sonntägliche Mittagessen einzukaufen. Besonders freuten sie sich darüber, dass Julia Meyer (J), die zwanzigjährige Enkelin des M, die am Wochenende regelmäßig zur Aufbesserung ihres Studentenbudgets bei ihrem Großvater aushalf, L die Delikatesse des Hauses – französischen Feigenkäse – zum Probieren anbot.

An der Kasse entdeckte W noch liebevoll dekorierte Geschenkkörbe. Sie dachte an den Geburtstag ihrer Schwiegermutter und bat J, einen dieser Geschenkkörbe am nächsten Tag ihrer Schwiegermutter direkt vorbeizubringen. Daraufhin zahlte sie bei J, die heute, nicht wie mit ihrem Großvater abgesprochen, nur an der Käse- und Fleischtheke bediente, sondern auch abkassierte. Nachdem die beiden gegangen waren, suchte J einen besonders schönen Präsentkorb aus und übergab ihn ihrem Großvater, der ihn am kommenden Tag ausfahren sollte.

Daheim angekommen, musste L ihre Vorliebe für französischen Käse in den folgenden Tagen mit erheblichen Magen- und Darmproblemen büßen, die einen Arztbesuch und medikamentöse Behandlung notwendig machten. Später stellte sich heraus, dass der Käse verdorben war, was allerdings am Geschmack noch nicht zu bemerken war.

Als sich am folgenden Tag M wegen der genauen Lieferanschrift bei W erkundigen wollte, warf diese ihm vor, dass sie so etwas von ihrem Feinkostladen nicht gewohnt sei und erklärte M, dass sie an dem Geschenkkorb nicht mehr interessiert sei, schließlich wolle sie ihre Schwiegermutter nicht vergiften. M entschuldigte sich vielmals und verteidigte sich damit, dass der Käse völlig normal geschmeckt habe. Außerdem beharrte er darauf, seinen Vertrag zu erfüllen und kündigte an, den Geschenkkorb bei W vorbeizubringen. Auf der Fahrt dorthin kam es jedoch aufgrund eines leichten Fahrfehlers des M zu einem Unfall, bei dem der Geschenkkorb samt Inhalt zerstört wurde.

Frage 1: Kann M dennoch den Kaufpreis für den Geschenkkorb von W verlangen?

Frage 2: Welche Ansprüche hat L gegen M? Deliktsrechtliche Ansprüche sollen außer Betracht bleiben.

Lösung

Frage 1: Anspruch M gegen W auf Zahlung des Kaufpreises für den Geschenkkorb, § 433 II BGB

I. Anspruch entstanden

Voraussetzung für einen Anspruch des M gegen W aus § 433 II BGB ist ein wirksamer Kaufvertrag zwischen M und W. Eine wirksame Willenserklärung der W, einen Geschenkkorb kaufen zu wollen, liegt vor, fraglich ist jedoch, ob auch eine entsprechende Willenserklärung des M, einen Geschenkkorb an W zu verkaufen, vorliegt. Das Ausstellen der Ware im Geschäft durch M stellt noch keine Willenserklärung des M dar, der sich allein durch das Ausstellen noch nicht binden möchte.

Allerdings könnte J ihren Großvater an der Kasse wirksam vertreten haben, § 164 I BGB. Aus den Umständen ergibt sich, dass J ihre Willenserklärung im Namen des Ladeninhabers M abgegeben hat. Allerdings war sie hierzu nicht bevollmächtigt. Auch der Rechtsscheintatbestand einer Duldungs- oder Anscheinsvollmacht liegt nicht vor, denn J hat bislang noch nie an der Kasse gearbeitet, sondern lediglich an der Wurst- und Käsetheke bedient. Darauf kommt es jedoch nicht an, wenn bereits § 56 HGB greift. Wer in einem Laden angestellt ist, gilt hiernach als zu Verkäufen ermächtigt, die in einem derartigen Laden gewöhnlich geschehen. J, die regelmäßig gegen Entlohnung bei ihrem Großvater aushilft, ist in dessen Laden angestellt; beim Verkauf des Geschenkkorbs handelt es sich um einen für dieses Geschäft gewöhnlichen Verkauf. Somit konnte J den M wirksam vertreten und zwischen M und W ist ein Kaufvertrag über einen Geschenkkorb zustande gekommen.

Ein Anspruch des M gegen W aus § 433 II BGB ist folglich entstanden.

II. Erlöschen des Anspruchs

Der Anspruch könnte jedoch gemäß § 326 I 1 HS. 1 BGB erloschen sein, wenn M nicht mehr zu leisten braucht, § 275 I BGB. Die Leistung, die M schuldet, besteht in der Übereignung und Übergabe eines Geschenkkorbes an die Schwiegermutter der W als Dritte, §§ 362 II, 185 BGB. Es handelt sich um eine beschränkte Gattungsschuld, denn M hatte einen beliebigen der bei ihm ausgestellten Körbe zu übereignen. Seine Leistung wird deshalb erst unmöglich, wenn die gesamte Gattung untergegangen ist.

1. Konkretisierung

Anders wäre es aber, wenn sich die Gattungsschuld durch Konkretisierung in eine Stückschuld gewandelt hätte, § 243 II BGB. Dazu müsste M das seinerseits Erforderliche getan haben, also einen Geschenkkorb mittlerer Art und Güte ausgewählt haben. Was weiter erforderlich ist, hängt davon ab, ob es sich um eine Bring-, Hol- oder Schickschuld handelt. Dies wiederum hängt vom Leistungsort (Ort der Leistungshandlung) und vom Erfolgsort (Ort des Leistungserfolgs) ab. Hier haben J und W eine Bringschuld vereinbart. M hätte das seinerseits Erforderliche erst getan, wenn er einen Geschenkkorb mittlerer Art und Güte ausgewählt und zur Schwiegermutter der W gebracht hätte. Dies hat er nicht getan. Eine Konkretisierung ist somit nicht eingetreten und M bleibt weiter zur Leistung verpflichtet, kann aber auch weiterhin den Kaufpreis von W verlangen.

2. Annahmeverzug der W

Da W jedoch die Annahme des Korbes verweigert hat, könnte sie sich nach § 300 II BGB im Gläubigerverzug befunden haben, als der Korb zerstört wurde, so dass die Leistungsgefahr von M auf W übergegangen ist. Die Schuld würde sich dann doch auf den untergegangenen Korb beschränken und Unmöglichkeit, § 275 I BGB, läge vor.

Annahmeverzug setzt zunächst voraus, dass der Schuldner zur Erbringung der Leistung berechtigt ist. Die Leistung muss also gemäß § 271 BGB erfüllbar sein. M war zur Erbringung der Leistung berechtigt, weil eine Leistungserbringung am Folgetag verabredet war. Er konnte die Leistung auch erbringen. Die Leistung muss dem Gläubiger vom Schuldner außerdem ordnungsgemäß angeboten worden sein. Erforderlich ist grundsätzlich ein tatsächliches Angebot, § 294 BGB, das jedoch nicht erfolgt ist. Vorliegend könnte jedoch ein wörtliches Angebot im Sinne des § 295 S. 1 BGB ausreichend sein. W hat dem M erklärt, sie werde die Leistung nicht annehmen; darauf kommt es vorliegend jedoch nicht an, weil die Leistung an die Schwiegermutter der W zu erbringen war. Allerdings war eine Handlung des Gläubigers W erforderlich, damit M seine Leistung erbringen konnte, nämlich die Mitteilung der dritten Leistungsempfängerin. Diese Mitwirkungshandlung hat W verweigert. Ein wörtliches Angebot war damit ausreichend, § 295 BGB, und ist im Rahmen des Telefonats zwischen M und W auch erfolgt. Aus demselben Grund liegt auch kein Unvermögen des Schuldners M vor, denn es ist ausreichend, wenn der Schuldner leisten könnte, sobald Gläubiger zur Annahme oder Mitwirkung bereit ist. Somit befand sich W im Annahmeverzug, als der Korb zerstört wurde und die Leistungspflicht des M ist entfallen, §§ 300 II, 275 I BGB.

Infolgedessen entfällt nach § 326 I BGB auch der Anspruch des M auf die Gegenleistung. Etwas anderes könnte sich jedoch aus § 326 II 1 Alt. 2 BGB ergeben. Das Leistungshindernis, der Untergang des Geschenkkorbes, ist während des Annahmeverzugs der W eingetreten. In diesem Stadium trägt der Gläubiger die Gefahr des zufälligen Untergangs der geschuldeten Sache und ist deshalb weiterhin zur Kaufpreiszahlung verpflichtet. Allerdings geschah der Untergang nicht zufällig, sondern aufgrund eines leichten Fahrfehlers des M, also leichter Fahrlässigkeit. Der Schuldner hat während des Verzugs des Gläubigers jedoch nur Vorsatz und grobe Fahrlässigkeit zu vertreten, § 300 I BGB. Der leicht fahrlässig verursachte Untergang des Korbes ist deswegen ein zufälliger, weil von keiner Partei zu vertretender Untergang und geht zu Lasten der Gläubigerin W, die weiterhin den Kaufpreis schuldet, § 326 II 1 Alt. 2 BGB.

3. Rücktritt der W

W könnte den Kaufpreisanspruch jedoch möglicherweise durch Rücktritt vom Kaufvertrag zum Erlöschen gebracht haben, indem sie erklärte, den Korb nicht mehr zu wollen. Dazu müsste der W ein Rücktrittsrecht zustehen. Ein solches könnte sich aus §§ 326 V, 323 I BGB ergeben, weil die Leistung des M unmöglich geworden ist. Allerdings ist dieser Umstand erst nach der Erklärung der W eingetreten, so dass sich allein deshalb bereits die Frage stellt, ob W wirksam vom Vertrag zurückgetreten ist. Überdies soll sie sich nicht durch Ausübung eines Rücktrittsrechts der in § 326 II BGB vorgenommenen Risikozuweisung entziehen können, § 323 VI Alt. 2 BGB.

Möglicherweise könnte ein Festhalten am Vertrag für W unzumutbar sein, weil ihre Tochter eine Lebensmittelvergiftung erlitten hat, § 324 BGB. M hat durch den Verkauf verdorbener Ware, der zur Erkrankung der L geführt hat, die Interessen der W verletzt, § 241 II BGB. Allerdings kann ein derartiges einmaliges Vorkommnis – W hat regelmäßig bei M eingekauft – noch nicht zur Unzumutbarkeit des Festhaltens am Kaufvertrag führen, zumal nicht ersichtlich ist, dass Wiederholungsgefahr droht und M auch nicht erkennen konnte, dass der Käse verdorben war (a.A. vertretbar). Ein Rücktrittsrecht der W bestand somit nicht.

III. Ergebnis

Der Anspruch des M gegen W auf Zahlung des Kaufpreises aus § 433 II BGB ist deshalb nicht untergegangen.

Frage 2: Anspruch L gegen M auf Schadensersatz aus §§ 311 II, III 1, 241 II, 280 I BGB

I. Schuldverhältnis

L könnte gegen M einen Anspruch auf Schadensersatz aus §§ 311 II, III, 241 II, 280 I BGB haben. Dazu müsste zwischen L und M ein Schuldverhältnis gemäß § 311 II BGB zustande gekommen sein. Nach § 311 II Nr. 2 BGB kommt ein solches Schuldverhältnis unter anderem durch die Anbahnung eines Vertrages zustande. L und W haben das Geschäft des M im Hinblick auf mögliche Einkäufe aufgesucht. Beide haben sich somit zur Anbahnung eines Vertrages in die Einwirkungssphäre des M begeben.

Da L nicht selbst Vertragspartei werden sollte, ist das vorvertragliche Schuldverhältnis nach § 311 II Nr. 2 BGB zunächst nur zwischen M und W zustande gekommen. Ein Schuldverhältnis mit Pflichten nach § 241 II BGB kann jedoch auch im Verhältnis zu Personen entstehen, die nicht Vertragspartei werden sollen, § 311 III BGB. Die Voraussetzungen dafür sind in § 311 III 1 BGB nicht genannt; es muss insoweit auf die Vorschriften über den Vertrag mit Schutzwirkung zugunsten Dritter zurückgegriffen werden.

Danach ist ein Dritter in den Schutzbereich von vorvertraglichen Schuldverhältnissen einbezogen, wenn er der Gefahr von Schutzpflichtverletzungen ebenso ausgesetzt ist wie der potentielle Vertragspartner selbst. W und L haben das Geschäft gemeinsam aufgesucht, L war damit der Gefahr einer Schutzpflichtverletzung durch M genauso ausgesetzt wie W. Weiterhin muss der potentielle Vertragspartner ein berechtigtes Interesse an der Einbeziehung des Dritten in den Schutzbereich haben. Die W ist als Mutter der L für deren „Wohl und Wehe“ verantwortlich. Sie hat daher ein berechtigtes Interesse an der Einbeziehung der L in den Schutzbereich.

Die objektiven Voraussetzungen für die Einbeziehung des Dritten in das vorvertragliche Schuldverhältnis müssen für den (potentiellen) Schuldner erkennbar sein. Die L hat ihre Mutter begleitet. Für M war damit erkennbar, dass die Rechtsgüter der L in gleichem Maße wie die der W den Gefahren ausgesetzt waren. Er konnte auch erkennen, dass die W als Mutter besonderes Interesse am Schutz der L hat. Der Dritte muss des Weiteren schutzbedürftig sein; L ist schutzbedürftig, weil sie keine eigenen vertragsbasierten Ansprüche gegen M hat. Somit ist zwischen M und W ein vorvertragliches Schuldverhältnis entstanden, in dessen Schutzbereich L einbezogen ist.

II. Pflichtverletzung

M müsste eine Pflicht aus dem vorvertraglichen Schuldverhältnis verletzt haben. In Betracht kommt die Verletzung einer Schutzpflicht nach § 241 II BGB. Seine Schutzpflicht für die Rechtsgüter der L hat M hier verletzt, indem er ihre Gesundheit schädigte und ihr durch eine Mitarbeiterin verdorbenen Käse zum Probieren anbieten ließ.

III. Vertretenmüssen

Das Vertretenmüssen dieser Pflichtverletzung durch M, der sich das Verhalten der J zurechnen lassen muss, § 278 BGB, wird vermutet, § 280 I 2 BGB. Allerdings kann M die Vermutung dadurch widerlegen, dass er vorträgt, er habe nicht bemerken können, dass der Käse verdorben war.

IV. Ergebnis

Ein Schadensersatzanspruch scheidet deshalb aus. Gleiches gilt für deliktische Ansprüche.

Fall 8 *

Veronica Veldmann (V) ist Eigentümerin einer Villa in der Konstanzer Seestraße, die sie seit Dezember 2004 an Manfred Merkel (M) vermietet hat, der dort mit seiner Frau und vier Kindern auf einer Wohnfläche von 200 qm lebt. Im Wege vorweggenommener Erbfolge übertrug Veldmann das Hausgrundstück im März 2005 auf ihre Tochter Anna Assmann (A), die gerade ihr zweites juristisches Staatsexamen in München abgeschlossen hat und zum 1. September 2008 eine Stelle als Richterin am LG Konstanz antreten wird. A, die am 12. Februar 2008 als Eigentümerin im Grundbuch eingetragen wurde, möchte gerne selbst in die Villa einziehen und kündigte deshalb mit Email vom 2. Mai 2008 das Mietverhältnis mit M fristgerecht zum 31. Juli 2008. In der Email führte A aus, sie wolle die Villa selbst bewohnen, weil sie in Konstanz eine Stelle als Richterin antrete und deshalb ihre Münchner Wohnung aufgeben und nach Konstanz ziehen werde. Die Email versieht A mit einer gescannten Unterschrift. Damit alles „wasserdicht" ist, druckte sie den Brief zusätzlich aus, unterschrieb ihn und schickte ihn am 3. Mai 2008 per Post an M los.

Die Email ging in der Mailbox des M am 2. Juni 2008 ein, wurde jedoch als „Spam" eingeordnet und gelöscht. Der Brief traf am 7. Mai 2008 bei Familie M ein. Frau M öffnete den Brief und warf ihn empört in den Müllkübel, weil sie es für ungebührlich hielt, dass A alleine in die große Villa einziehen wolle. Am 15. Mai erzählte sie ihrem Mann, der von einer Dienstreise heimkehrte, von „dieser unglaublichen Dreistigkeit". M rief daraufhin sofort bei A an und erklärte ihr, sie solle gefälligst ihre Ansprüche zurückschrauben und in eine normale Wohnung ziehen, wie es sich für ein junges Ding wie sie gehöre. A erwiderte kühl, sie werde gegebenenfalls „Räumung auf russisch" betreiben lassen.

Kann A verlangen, dass Familie M am 31. Juli 2008 aus der Wohnung auszieht?

Lösung

A. Anspruch A gegen M auf Rückgabe der Mietsache, § 546 I BGB

I. Mietvertrag zwischen A und M

A kann von M Rückgabe der Mietsache, also Räumung der Villa, verlangen, wenn zwischen beiden ein Mietvertrag besteht, den A wirksam gekündigt hat. Ursprünglich haben V und M einen Mietvertrag über die Villa geschlossen. V hat im März 2005 die Villa im Wege vorweggenommener Erbfolge, also schenkweise, übereignet. Dadurch könnte A nach § 566 BGB anstelle der V in den Mietvertrag eingetreten sein. In der Überschrift des § 566 BGB ist zwar von „Kauf" die Rede, auf das Verpflichtungsgeschäft kann es jedoch nicht ankommen. Vielmehr knüpft der Wechsel des Vermieters an das Verfügungsgeschäft, also die Übereignung der Mietsache, an.

Welche causa dieser Übereignung zugrunde liegt, ist dabei beliebig; die Überschrift trifft mit dem Kauf nur den häufigsten Fall. A ist deshalb in die Position der V eingetreten und Vermieterin des M.

II. Kündigung des Mietvertrags

Diesen Mietvertrag müsste A wirksam gekündigt haben. Mietverträge, die auf unbestimmte Zeit geschlossen worden sind und sich auf Wohnraum beziehen, können jederzeit unter Beachtung der §§ 568 ff BGB gekündigt werden, § 542 I BGB.

1. Kündigungserklärung

Zunächst bedarf es einer formwirksamen, also schriftlichen Kündigungserklärung, § 568 I BGB, die als empfangsbedürftige Willenserklärung mit Zugang beim Empfänger, also M, wirksam wird, § 130 I BGB. Sowohl der Brief als auch die Email sind in der Weise in den Machtbereich des M gelangt, dass dieser Kenntnis nehmen konnte; dass der Spamfilter des M die Email der A aussortiert hat, ändert hieran nichts. Ein unpräzises Arbeiten des Filters bei M liegt in dessen Risikosphäre und hindert den Zugang nicht.

Gleiches gilt für den Umstand, dass Frau M den Brief weggeworfen hat. Frau M ist eng mit M verbunden und deshalb als seine Empfangsbotin anzusehen. Erklärungen, die an einen Empfangsboten gelangen, gehen dann zu, wenn ein solcher Bote üblicherweise die Erklärung weiterzugeben pflegt, also in der Regel am gleichen Abend, wenn der Ehemann von der Arbeit nach Hause kommt. Unterbleibt dies, so ist dennoch der Zugang erfolgt.

2. Form

Fraglich ist jedoch, ob die Erklärungen der Schriftform entsprachen. Schriftlich bedeutet eigenhändig unterschrieben, § 126 I BGB. Der Brief genügt diesen Anforderungen; fraglich ist, ob das auch für die Email gilt. A hat die Email nur mit einer gescannten Unterschrift versehen, also nicht eigenhändig unterschrieben. Allerdings ist anstelle der Schriftform auch die elektronische Form möglich, § 126 III BGB. Zu ihrer Wahrung ist jedoch nach § 126a I BGB eine qualifizierte Signatur erforderlich. Eine eingescannte Unterschrift ist jedoch keine qualifizierte Signatur im Sinne der §§ 126a I BGB, 2 Nr. 1 SigG. Somit ist die E-Mail formunwirksam, § 125 BGB.

Allerdings fehlt im Brief der in § 568 II BGB geregelte Hinweis auf die Möglichkeit des Widerspruchs. Das Fehlen führt jedoch nicht zur Unwirksamkeit der Kündigung, weil der Hinweis nur gegeben werden „soll“; der Vermieter erleidet vielmehr nur die in § 574b II 2 BGB geregelten Nachteile.

3. Kündigungsfrist

Fraglich ist, ob A die Kündigungsfrist gewahrt hat. Die Kündigung ist spätestens am dritten Werktag eines Kalendermonats zum Ablauf des übernächsten Monats zulässig, § 573c I 1 BGB. Zwar ist die formunwirksame Email am 2. Mai 2008 sicher rechtzeitig zugegangen, um eine Beendigung des Mietvertrages zum 31. Juli 2008 zu erreichen. Fraglich ist jedoch, ob das auch für den Brief gilt. Der erste Werktag des Mai 2008 ist Freitag, der 2. Mai, der zweite Werktag Samstag, der 3. Mai, und der dritte Werktag Montag, der 5. Mai. Der Zugang am 7. Mai 2008 war damit verspätet.

Allerdings kommt eine Umdeutung, § 140 BGB, der zum 31. Juli 2008 unwirksamen Kündigung in eine Kündigung zum 31. August 2008 in Betracht. A hat deutlich gemacht, dass sie das Mietverhältnis auf jeden Fall so bald wie möglich beenden möchte. Hätte sie gewusst, dass eine Kündigung zum 31. Juli 2008 nicht möglich ist, hätte sie eine Kündigung zum 31. August 2008 ausgesprochen. In der Kündigung zum früheren Termin ist die Kündigung zum späteren Termin gleichsam mit enthalten. Die Voraussetzungen des § 140 BGB liegen somit vor und die Kündigung kann als Kündigung zum 31. August 2008 aufrechterhalten werden.

4. Kündigungsgrund

Schließlich muss ein Kündigungsgrund vorliegen, § 573 II BGB, der im Kündigungsschreiben auch auszuführen ist, § 573 III BGB. Kündigungsgrund ist hier Eigenbedarf, § 573 II Nr. 2 BGB; A hat dies in ihrem Schreiben auch ausgeführt. Damit liegt eine wirksame Kündigung vor und M muss die Wohnung zum 31. August 2008 räumen.

III. Widerspruch gegen die Kündigung

Etwas anderes könnte jedoch deshalb gelten, weil M der Kündigung widersprochen hat. Eine Frist für den Widerspruch musste M nicht beachten, § 574b II 2 BGB, allerdings hat er nicht schriftlich, § 574b I 1 BGB, sondern nur fernmündlich widersprochen, so dass sein Widerspruch formnichtig ist, § 125 BGB. Aber er kann den Widerspruch bis zur ersten Verhandlung über die Räumung schriftlich nachreichen, § 574b II 2 BGB.

Fraglich ist, ob der Widerspruch zur Fortsetzung des Mietverhältnisses führen würde. Dazu müsste die Kündigung für die Mieter eine Härte bedeuten, die auch unter Würdigung berechtigter Interessen des Vermieters nicht zu rechtfertigen ist, § 574 I BGB. Es ist also eine Abwägung der Interessen beider Teile erforderlich, die beide den Schutz des Art. 14 GG genießen (praktische Konkordanz). Der Eigentumsschutz wird nicht absolut gewährleistet; Inhalt und Schranken werden durch Gesetz bestimmt. Das eingeschränkte Kündigungsrecht der A ist als Schranke des Eigentums zu sehen; jedoch erfüllt A die Anforderungen des einfachgesetzlichen Schrankenvorbehaltes. Möglicherweise könnte jedoch das Besitzrecht des M gem. Art. 14 GG entgegenstehen; dies jedoch nur, wenn es ihm unzumutbar oder unmöglich wäre, eine neue geeignete Wohnung zu finden. Es ist jedoch kein Hinweis gegeben, dass dies in Konstanz nicht möglich wäre. Daher ist zugunsten der A zu entscheiden (a.A. vertretbar).

IV. Ergebnis

A kann von M lediglich Räumung zum 31. August 2008 verlangen, § 546 I BGB.

B. Weitere Ansprüche A gegen M

A ist Eigentümerin der Villa, M ihr Besitzer. Mit Ende des Mietverhältnisses zum 31. August 2008 entfällt das obligatorische Recht des M zum Besitz der Villa und A kann Herausgabe nach § 985 BGB verlangen.

Ein Anspruch aus § 861 BGB ist nicht gegeben, weil vorliegend nicht dem unmittelbaren Besitzer ohne seinen Willen der Besitz entzogen wurde. Ansprüche aus § 1007 I und II BGB scheiden aus, weil die Villa keine bewegliche Sache ist.

„Räumung auf Russisch" darf A nicht betreiben, es steht ihr insbesondere kein Selbsthilferecht nach § 229 BGB zu; sie muss vielmehr Leistungsklage auf Räumung erheben.

Fall 9 **

Michael Maier (M) hat eine geistig behinderte Schwester Susanne (S). Als deren Wohngruppe aufgrund von Geldknappheit des Trägervereins geschlossen wurde, nahm er sie in seine Zweizimmerwohnung auf. S hat alle vier bis sechs Wochen eine Serie heftiger epileptischer Anfälle, die vor allem zur Nachtzeit erheblichen Lärm verursachen. Der unter M wohnende Dieter Dippel (D) beschwerte sich daraufhin beim Hauseigentümer und Vermieter Vischer (V), weil ihn der Lärm um seinen Schlaf bringe. Erst dadurch erfuhr V von dem Einzug der S und forderte M umgehend dazu auf, S „aus der Wohnung zu entfernen". Einige Tage später erkundigte sich M bei seinem Fußballkollegen, dem Rechtsanwalt Brenner, was er tun könne. Dieser gab die Auskunft, M sei berechtigt, seine Schwester bei sich aufzunehmen, weil die Wohnung durch zwei Personen nicht überbelegt sei. M teilte diese Einschätzung sofort dem V mit, der nun unsicher ist, wie er sich verhalten soll. Er will nun wissen, ob D „etwas gegen ihn in der Hand hat" und welche Ansprüche ihm gegen M zustehen.

Lösung

A. Rechte des D gegen V

I. Mietminderung

Möglicherweise ist die Miete des D gemindert; diese Minderung träte nach § 536 BGB kraft Gesetzes ein, ohne dass D ein entsprechendes Gestaltungsrecht ausüben müsste.

Ein wirksamer Mietvertrag zwischen V und D liegt vor. Außerdem müsste die Mietwohnung mangelhaft sein. Die Lärmstörungen beeinträchtigen die Tauglichkeit der Mietwohnung zum vertragsgemäßen Gebrauch und stellen somit einen Sachmangel dar, § 536 I 1 Alt. 2 BGB. Dieser Sachmangel ist auch erheblich, § 536 I 2 BGB. Damit ist die Miete des D gemindert, angemessen dürfte eine Minderung um etwa 5% sein.

II. Kündigungsrecht

Die lediglich alle vier bis sechs Wochen und auch nicht stets nachts auftretenden Störungen könnten zudem ein Recht des D zur außerordentlichen Kündigung des Mietvertrags begründen, § 543 I BGB. Das wäre dann der Fall, wenn dem Kündigenden unter Berücksichtigung aller Umstände des Einzelfalls unter Abwägung der beiderseitigen Interessen die Fortsetzung des Mietverhältnisses bis zum Ablauf der Kündigungsfrist nicht zugemutet werden kann. Davon kann hier nicht ausgegangen werden. D kann nach § 573c I BGB jederzeit bis zum dritten Werktag eines Kalendermonats zum Ablauf des übernächsten Monats ordentlich kündigen und muss bis dahin maximal zwei weitere Störungen dulden. Die Fortsetzung des Mietverhältnisses bis zu diesem Zeitpunkt ist ihm deshalb nicht unzumutbar.

III. Schadensersatz

Ein Schadensersatzanspruch des D könnte sich aus § 536a I 2 BGB ergeben, handelt es sich doch um einen nach Abschluss des Mietvertrages zwischen V und D aufgetretenen Mangel. In diesem Fall ist jedoch ein Vertretenmüssen des Vermieters erforderlich, an dem es vorliegend fehlt.

B. Ansprüche V gegen M

I. Anspruch V gegen M auf Räumung der Wohnung, § 546 BGB

Zwischen V und M besteht ein wirksamer Mietvertrag. Könnte V diesen Mietvertrag kündigen, entstünde infolgedessen ein Anspruch auf Rückgabe der Mietsache, also Räumung der Wohnung, § 546 BGB.

1. Außerordentliche Kündigung

a) Allgemeine Voraussetzungen

In Betracht kommt eine außerordentliche Kündigung aus wichtigem Grund, § 543 I, 569 II BGB. Dazu müsste V dem M schriftlich die Kündigung erklären, § 568 I BGB, die mit Zugang bei M wirksam würde, § 130 I BGB. In der Kündigungserklärung müsste er außerdem den Kündigungsgrund nennen, §§ 542, 543f, 569, 573ff BGB, und er sollte M auf die Widerspruchsmöglichkeit hinweisen, § 568 II BGB, ohne dass dies Wirksamkeitsvoraussetzung wäre. Einer Abmahnung, § 543 III BGB, bedürfte es nicht mehr, denn V hat den M bereits dazu aufgefordert, S aus der Wohnung zu entfernen.

b) Kündigungsgrund

aa) Unbefugte Gebrauchsüberlassung. Zu klären bleibt jedoch, ob V überhaupt einen wichtigen Grund für die außerordentliche Kündigung des Mietvertrags vortragen kann. Dazu wäre nach § 543 I 2 BGB erforderlich, dass nach Abwägung der beiderseitigen Interessen unter Berücksichtigung der Umstände des Einzelfalls die Fortsetzung des Mietverhältnisses bis zum Ablauf der ordentlichen Kündigungsfrist unzumutbar ist. § 543 II BGB enthält eine beispielhafte Aufzählung wichtiger Gründe, darunter in Nr. 2 die Kündigung wegen unberechtigter Überlassung der Mietsache an einen Dritten. Enge Familienmitglieder wie Ehepartner oder Kinder werden nicht als Dritte im Sinne dieser Norm angesehen, jedoch kann die Schwester nicht mehr als derartiges enges Familienmitglied angesehen werden.

Ob Dritte in die Mietwohnung aufgenommen werden dürfen, bemisst sich nach § 540 BGB, der anordnet, dass die (auch teilweise) Überlassung der Mietsache an einen Dritten der Zustimmung des Vermieters bedarf, die dieser nach freiem Belieben erteilen oder verweigern darf. Für die Wohnungsmiete ist jedoch zusätzlich § 553 BGB zu beachten: Entsteht für den Mieter nach Abschluss des Mietvertrags ein berechtigtes Interesse, einen Teil des Wohnraums einem Dritten zum Gebrauch zu überlassen, so kann er von dem Vermieter die Erlaubnis hierzu verlangen, § 553 I 1 BGB. In diesen Fällen hat der Mieter also einen Anspruch auf Erlaubnis. Die Aufnahme eines Dritten in die Wohnung ohne Vermietererlaubnis ist zwar trotzdem eine unberechtigte Überlassung an einen Dritten im Sinne des § 543 II Nr. 2 BGB, allerdings wird sich daraus kein wichtiger Grund zur außerordentlichen Kündigung entnehmen lassen, wenn ein Anspruch des Mieters auf Erlaubnis besteht.

Zu prüfen ist also, ob ein berechtigtes Interesse des M an der Aufnahme der S nach Abschluss des Mietvertrages entstanden ist. Hierfür ist jeder vernünftige, nachvollziehbare Grund ausreichend. S ist nach Begründung des Mietverhältnisses wohnungslos geworden und kann nicht alleine leben. Es ist deshalb nachvollziehbar, dass M seine Schwester bei sich aufgenommen hat. Ein Anspruch auf Erlaubnis besteht jedoch nicht, wenn in der Person des Dritten ein wichtiger Grund vorliegt, der Wohnraum übermäßig belegt würde oder dem Vermieter die Überlassung aus sonstigen Gründen nicht zugemutet werden kann, § 553 I 2 BGB. Eine Überbelegung ist nach Auskunft des Rechtsanwalts nicht gegeben. Vorliegend könnte jedoch die geistige Behinderung der S ein wichtiger Grund in der Person des Dritten sein, weil S in regelmäßigen Abständen für erheblichen Lärm sorgt. Die berechtigte negative Prognose, dass es zu erheblichen Belästigungen der anderen Mieter kommen wird, schließt einen Anspruch auf Erlaubnis aus. Jedoch geht es vorliegend nur um eine alle vier bis sechs Wochen auftretende Störung, die auch nicht zwingend zur Nachtzeit stattfinden muss. Deshalb wird man keinen wichtigen Grund im Sinne des § 553 I 2 BGB annehmen können.

bb) Störung des Hausfriedens. In Betracht kommt jedoch die Störung des Hausfriedens als wichtiger Grund, §§ 543 I, 569 II BGB. Es wäre also erforderlich, dass der Mieter M den Hausfrieden nachhaltig stört, so dass dem Kündigenden unter Berücksichtigung aller Umstände des Einzelfalls, insbesondere eines Verschuldens der Vertragsparteien, und unter Abwägung der beiderseitigen Interessen die Fortsetzung des Mietverhältnisses bis zum Ablauf der Kündigungsfrist oder bis zur sonstigen Beendigung des Mietverhältnisses nicht zugemutet werden kann.

Hausfrieden ist der Zustand gegenseitiger Rücksichtnahme in einem Wohngebäude. Dazu gehört auch Vermeidung von lautem Lärm. Die Störung muss durch eine Vertragspartei erfolgen, wobei es ausreichend ist, dass die Störung dem Risikobereich des Mieters zuzuordnen ist, so dass der von S verursachte Lärm als Störung durch M anzusehen ist. Die Störung muss überdies nachhaltig sein, also entweder gravierend sein oder wiederholt vorkommen. Hier ist die Störung gravierend, denn sie bringt D um seinen Schlaf; zudem tritt sie wiederholt auf.

Daraus muss sich schließlich die Unzumutbarkeit der Fortsetzung des Mietverhältnisses bis zum Ablauf der ordentlichen Kündigungsfrist ergeben. Das ist durch eine Abwägung zu ermitteln. Einerseits wird D erheblich gestört, andererseits finden die Störungen nicht täglich statt. Außerdem muss S betreut werden. Zwar kann man der Auffassung sein, dass M auf Dauer dafür sorgen muss, S anderweitig unterzubringen, jedoch lässt sich daraus kein Grund für eine sofortige Beendigung des Mietverhältnisses herleiten.

cc) Sonstiger wichtiger Grund. Zu prüfen bleibt die Generalklausel des § 543 I BGB. Hier sind zusätzliche Umstände zu berücksichtigen, die nicht schon in § 543 II Nr. 2 BGB und § 569 II BGB erfasst sind. In Betracht kommt hier allenfalls die Nichteinholung der Erlaubnis nach § 553 I 1 BGB, auf deren Erteilung M einen Anspruch hatte. Dadurch wird das Vertrauensverhältnis zwischen den Vertragsparteien jedoch nicht so schwerwiegend erschüttert, dass eine sofortige Beendigung des Mietverhältnisses gerechtfertigt wäre.

2. Ordentliche Kündigung

In Betracht kommt aber möglicherweise eine ordentliche, fristgebundene Kündigung. Auch hier sind die oben genannten allgemeinen Voraussetzungen zu beachten. Im Wohnungsmietrecht ist jedoch auch die ordentliche Kündigung nur möglich, wenn ein Kündigungsgrund besteht, nämlich ein berechtigtes Interesse des Vermieters, §§ 543, 573 BGB. Hier könnte das in § 573 II Nr. 1 BGB geregelte gesetzliche Beispiel greifen und M könnte eine nicht unerhebliche und schuldhafte Pflichtverletzung begangen haben, indem er S einfach in die Wohnung aufgenommen hat. Es genügen dabei schon etwas weniger gravierende Umstände als bei dem zur außerordentlichen Kündigung führenden wichtigen Grund, weil eine weniger einschneidende Folge angestrebt wird. Allerdings ist auch hier der Zustimmungsanspruch des M aus § 553 I 1 BGB zu beachten, weil M ein Recht zur Aufnahme der S hat. Eine Pflichtverletzung liegt somit zwar vor, sie ist allerdings nicht erheblich genug, um eine Beendigung der Vertragsbeziehung zu rechtfertigen.

Jedoch stellt auch die Lärmbelästigung eine Pflichtverletzung dar. Die Lärmbelästigung ist nicht unerheblich im Sinne des § 573 II Nr. 1 BGB, auch wenn sie nur alle vier bis sechs Wochen stattfindet. Dass sie nicht unmittelbar von M verursacht wurde, schadet hier wie in § 569 II BGB nicht, denn M hat S erst die Gelegenheit zur Lärmentfaltung in der Wohnung gegeben. Jedoch setzt § 573 II Nr. 1 BGB anders als § 569 II BGB Verschulden des Mieters voraus. S selbst trifft wegen ihrer Behinderung kein Verschulden, allerdings träfe M ein Verschulden, wenn er S in Kenntnis oder unter Kennenmüssen der epileptischen Anfälle und ihrer Begleiterscheinungen aufgenommen hätte. Es ist allerdings nicht ersichtlich, dass M darüber informiert sein hätte müssen.

Schließlich kann auch im Rahmen der ordentlichen Kündigung auf die Generalklausel, hier auf § 573 I 1 BGB, zurückgegriffen werden, die eine Gesamtabwägung vorschreibt, in der das Kündigungsinteresse des V überwiegt. Schwere unverschuldete Vertragsverletzungen durch einen Mieter können eine ordentliche Kündigung rechtfertigen, wenn sie sogar zur außerordentlichen Kündigung führen können, vgl. § 569 II BGB. Auf der anderen Seite ist zu bedenken, dass V über den Unterlassungsanspruch aus § 541 BGB M dazu verpflichten kann, S aus der Wohnung zu entfernen, ohne die Vertragsbeziehung zu M zu beenden. Schließlich sind auch die Interessen der behinderten S mit in die Abwägung einzubeziehen, so dass auch eine ordentliche Kündigung ausscheidet (a.A. vertretbar).

3. Ergebnis

Damit kann V den Mietvertrag mit M leicht kündigen und deshalb auch nicht Räumung der Wohnung, § 546 I BGB, verlangen.

II. Anspruch V gegen M aus § 541 BGB

V könnte gegen M jedoch einen Anspruch auf Unterlassung des vertragswidrigen Gebrauchs haben, der dazu führt, dass M die S aus der Wohnung entfernen muss, wenn ihr Verhalten nicht auf andere Weise, etwa durch medikamentöse Behandlung, verändert werden kann. Bei regelmäßig wiederkehrendem ruhestörenden Lärm liegt ein vertragswidriger Gebrauch der Wohnung vor; auf Verschulden kommt es nicht an. Eine Abmahnung ist bereits erfolgt; trotzdem hat M den vertragswidrigen Gebrauch fortgesetzt.

Damit besteht der Unterlassungsanspruch aus § 541 BGB.

III. Anspruch V gegen M aus § 280 I BGB

Schließlich könnte V gegen M einen Schadensersatzanspruch aus § 280 I BGB haben, falls sich D auf die Minderung (vgl. oben) beruft. Zwischen V und M besteht ein Schuldverhältnis in Form des Mietvertrages. Zudem müsste M eine Pflichtverletzung begangen haben. M hat S in seine Wohnung aufgenommen, ohne die Erlaubnis des V einzuholen. Auch wenn man davon ausgeht, dass M einen Anspruch auf Erteilung der Erlaubnis hatte, ist darin trotzdem eine Pflichtverletzung zu sehen. Eine weitere Pflichtverletzung liegt in der Lärmverursachung. M verursacht den Lärm zwar nicht selbst, gibt S aber die Möglichkeit zur Lärmverursachung, indem er sie in seine Wohnung aufgenommen und nachdem er die Probleme bemerkte nicht wieder entfernt hat. Das Vertretenmüssen des M wird jeweils vermutet, § 280 I 2 BGB.

Diese Pflichtverletzungen müssen einen Schaden des V verursacht haben. Die Miete des D ist kraft Gesetzes gemindert, vgl. oben. Diese Minderung wäre nicht eingetreten, wenn M die S nicht in die Wohnung aufgenommen hätte. Allerdings hatte M einen Anspruch auf Erteilung der Erlaubnis, so dass es auch bei vorheriger Nachfrage bei V zu einer Aufnahme der S in die Wohnung des M gekommen wäre und die Miete des D gemindert worden wäre. Deshalb besteht keine haftungsausfüllende Kausalität zwischen der Nichteinholung der Erlaubnis und dem Schaden. Allerdings ist eine derartige Kausalität zwischen Lärmverursachung und Schaden des V gegeben.

Damit kann V von M Ersatz verlangen, soweit D die Miete berechtigt mindert, § 249 I BGB.

Fall 10 **

Köbler (K) wollte sich einen gebrauchten Ferrari kaufen und suchte sich beim Ferrarihändler Vischer (V) das passende Fahrzeug aus. Da er jedoch nicht über das nötige „Kleingeld" verfügte, schaltete er die Luber Leasing GmbH (L) ein, die das Fahrzeug bei V erwarb. In den AGB von V war die Sachmängelhaftung für gebrauchte KFZ bei Verkäufen an gewerbliche Kunden ausgeschlossen. L und K schlossen einen Leasingvertrag, in dem K sich verpflichtete, auf drei Jahre monatlich 1500 € als Leasingrate zu bezahlen und das Fahrzeug nach Ablauf der Leasingzeit an L zurückzugeben. Die mietrechtliche Gewährleistung schlossen die Parteien in diesem Vertrag durch AGB aus; gleichzeitig trat L alle Mängelrechte aus dem Kaufvertrag mit V an K ab. Daraufhin übergab V den Ferrari an K. Bereits nach wenigen Kilometern Fahrleistung blieb der Ferrari wegen eines Motorschadens, der bereits bei Abschluss der Kaufvertrags bestand, liegen. Die Reparaturkosten betrügen etwa 10 000 €.

Kann K die Reparatur von V oder L verlangen?

Lösung

A. Anspruch K gegen V aus §§ 433, 434, 437 Nr. 1, 439 I 1, 398 BGB

K könnte gegen V einen Anspruch auf Nachbesserung aus abgetretenem Recht des L haben, §§ 433, 434, 437 Nr. 1, 439 I 1, 398 BGB. Hier kommt ein Anspruch auf Nacherfüllung in Betracht. Ein solcher Anspruch besteht, wenn L seine Mängelrechte wirksam auf K übertragen hat und in der Person des L überhaupt ein entsprechender Nacherfüllungsanspruch entstanden ist, der auf K übergehen konnte.

I. Abtretung der Mängelrechte

L und K waren sich darüber einig, dass alle Mängelrechte, die L als Käufer des Ferrari zustehen, auf K übergehen sollen. L als Inhaber dieser Rechte war auch zur Abtretung berechtigt. Die Mängelrechte aus § 437 Nr. 1 und 3 BGB können als Forderungen auch ohne Weiteres abgetreten werden. Die Rechte aus § 437 Nr. 2 BGB sind hingegen keine Forderungen, sondern Gestaltungsrechte, können jedoch gemäß §§ 413, 398 BGB nach den gleichen Regeln übertragen werden.

Die Abtretung war auch für Mängelrechte möglich, die im Zeitpunkt der Abtretung noch nicht bestanden. Auch zukünftige ungewisse Forderungen und Rechte können abgetreten werden, soweit sie ausreichend bestimmbar sind. Die Bestimmbarkeit ist gegeben, nachdem der Rechtsgrund, aus dem sie hervorgehen können, hier der Kaufvertrag, schon besteht.

II. Bestehen eines Nacherfüllungsanspruchs

1. Voraussetzungen des Nacherfüllungsanspruchs

V und L haben einen wirksamen Kaufvertrag geschlossen, § 433 BGB. Der Ferrari als Kaufgegenstand wies mit dem Motorschaden einen Mangel auf, § 434 I 2 Nr. 2 BGB, entspricht es doch nicht der üblichen Erwartung eines Gebrauchtwagenkäufers, dass das gekaufte Fahrzeug einen defekten Motor hat. Dieser Mangel müsste bereits bei Gefahrübergang vorgelegen haben. Die Gefahr geht bei beweglichen Sachen mit Übergabe auf den Käufer über, § 446 I BGB. Vorliegend wurde die Sache jedoch nie an den Käufer, sondern an einen Dritten (K) übergeben. Die Übergabe an K geschah jedoch auf Anweisung des L, so dass mit Übergabe des Fahrzeugs an K die Gefahr übergegangen ist. Zu diesem Zeitpunkt lag der Mangel bereits vor, denn er lag sogar schon im vorgelagerten Zeitpunkt des Vertragschlusses vor. Somit wäre in der Person der L ein Anspruch auf Nacherfüllung, § 437 Nr. 1 BGB, entstanden, der auf K übergegangen ist.

2. Gewährleistungsausschluss

Etwas anderes könnte jedoch gelten, weil zwischen V und L alle Mängelansprüche ausgeschlossen waren. Grundsätzlich ist ein solcher Ausschluss beim Kauf möglich. Lediglich beim Verbrauchsgüterkauf, § 474 I BGB, also einem Kaufvertrag zwischen einem Unternehmer, § 14 BGB, und einem Verbraucher, § 13 BGB, ist ein solcher Ausschluss nur in den engen Grenzen des § 475 II BGB möglich. Diese Grenzen wären bei dem vorliegend vereinbarten vollständigen Ausschluss der Mängelrechte nicht eingehalten.

Allerdings wurde der Kaufvertrag zwischen V und L geschlossen und damit ohne Beteiligung eines Verbrauchers. In der Einschaltung der L könnte jedoch eine unzulässige Umgehungsgestaltung liegen, § 475 I 2 BGB. Eine Umgehung liegt dann vor, wenn die Gestaltung den Zweck hat, die Rechtsfolge des § 475 I 1 BGB auszuschließen, so etwa bei Gebrauchtwagen-Agentur-Geschäften, deren Gestaltung alleine dem Zweck dient, durch Einschaltung einer weiteren Person, die wirtschaftlich aber nicht die Folgen des Vertrages tragen soll, die Gewährleistungsansprüche auszuschließen. Der Ausschluss der Gewährleistung zwischen L und V verfolgte jedoch nicht den Zweck, K Gewährleistungsrechte zu entziehen. Auch bei wirtschaftlicher Betrachtung ist V Verkäufer und L Käufer. L wurde nicht zur Umgehung, sondern zur Finanzierung eingeschaltet. Der Ausschluss wurde somit wirksam vereinbart.

3. Ergebnis

Ein Anspruch gegen V aus §§ 433, 434, 437 Nr. 1, 439 I 1 BGB ist damit bereits in der Person des L nicht entstanden.

B. Ansprüche K gegen L

I. Anspruch aus §§ 433, 434, 437 Nr. 1, 439 I 1 BGB

K könnte einen Anspruch gegen L auf Nachbesserung aus dem Kaufvertrag haben, §§ 433, 434, 437 Nr. 1, 439 I 1 BGB. Allerdings liegt zwischen L und K kein Kaufvertrag, sondern ein Leasingvertrag vor. Auf diesen atypischen Vertrag zwischen Miet- und Kaufrecht, bei dem für den Leasingnehmer die Finanzierungs- und Gebrauchsüberlassung im Vordergrund steht, finden teilweise die Regeln des Kaufvertragsrechts und teilweise die Regeln des Mietrechts Anwendung. Soweit es um die Fragen der Gebrauchsüberlassung auf Zeit und deren Störungen geht, ist auf das für die Gebrauchsüberlassung auf Zeit sachnähere Mietrecht zurückzugreifen.

Ein kaufrechtlicher Gewährleistungsanspruch besteht daher nicht.

II. Anspruch aus § 535 I 2 BGB

1. Anspruchsvoraussetzungen

K könnte jedoch einen mietrechtlichen Anspruch auf Herstellung des vereinbarten gebrauchsfähigen Zustands des Ferrari aus § 535 I 2 BGB haben. Ein Mangel im Sinne des § 536 I 1 BGB liegt vor, da sich der Ferrari ohne funktionstüchtigen Motor nicht zur vertragsgemäßen Verwendung eignet. Da L nicht nur die Pflicht trifft, den Wagen mangelfrei zu übergeben, sondern er diesen Zustand auch erhalten muss, § 536 I 2 BGB, kommt es – anders als im Kaufrecht – nicht darauf an, ob der Mangel bei Übergabe schon bestand oder angelegt war.

2. Gewährleistungsausschluss

a) AGB-Regelung

Allerdings haben L und K im Leasingvertrag die Gewährleistungsrechte des K ausgeschlossen. Ein solcher Ausschluss ist im Mietrecht zulässig. Bei Formularverträgen muss er sich allerdings an § 307 II Nr. 1 BGB messen lassen. Fraglich ist deshalb, ob es sich bei der mietrechtlichen Gewährleistung um einen wesentlichen Grundgedanken der gesetzlichen Regelung handelt, von der vorliegend in unangemessener Weise zu Lasten des K abgewichen wurde.

b) Leasingtypische Abtretungskonstruktion

Eine derartige Benachteiligung liegt jedenfalls nicht vor, wenn der Leasingnehmer durch andere Regelungen des Leasingvertrags letztlich so gestellt wird, also wären die mietrechtlichen Gewährleistungsansprüche nicht ausgeschlossen. Vorliegend sollte eine derartige Kompensation erfolgen: Im Gegenzug zum Ausschluss der mietrechtlichen Gewährleistung sollten dem K die kaufrechtlichen Ansprüche des L gegen V abgetreten werden. Diese leasingtypische Abtretungskonstruktion führt zu einer weitgehenden Gleichstellung des Leasingnehmers mit einem Mieter. Lediglich die Erhaltungspflichten werden auf den Leasingnehmer umgelegt, was beim Finanzierungsleasing auch sachgemäß ist, da für den Leasingnehmer die Finanzierungsfunktion im Vordergrund steht und er ansonsten die Sache wie ein Käufer besitzen will, also auch für Pflege und Wartung aufzukommen hat. Die leasingtypische Abtretungskonstruktion an sich scheitert daher nicht an § 307 II Nr. 1 BGB.

c) Scheitern der Abtretung

Vorliegend könnte jedoch etwas anderes gelten, da die Abtretung der kaufrechtlichen Gewährleistungsrechte gescheitert ist. Nachdem die Gewährleistungsrechte beim Leasinggeber L nicht entstanden sind, konnten sie auch nicht auf den Leasingnehmer K übergehen. Er hat damit keinerlei Gewährleistungsrechte. Dadurch entsteht eine Benachteiligung des K, die mit wesentlichen Grundgedanken des Gesetzes unvereinbar ist. Der Ausschluss der mietrechtlichen Gewährleistung scheitert daher an § 307 II Nr. 1 BGB und L ist daher zur mietrechtlichen Gewährleistung verpflichtet.

3. Ausschluss nach § 275 II BGB

Der Anspruch könnte jedoch nach § 275 II BGB ausgeschlossen sein, wenn L die Wiederherstellung verweigert, weil sein Aufwand in grobem Missverhältnis zum Leistungsinteresse des Gläubigers steht. Das Gläubigerinteresse ist angesichts der Möglichkeit, sich auf dem Gebrauchtwagenmarkt einen anderen Ferrari zu suchen und über eine Leasinggesellschaft leasen zu können, nicht allzu hoch zu bewerten. Auf der anderen Seite beträgt das Geschäftsvolumen 45 000 €, so dass die Wiederherstellungskosten in Höhe von 10 000 € zwar den Gewinn des L aufzehren dürften, was jedoch noch nicht zu einem groben Missverhältnis führt (a.A. vertretbar).

4. Ergebnis

Damit kann K von L die Reparatur des Ferrari verlangen, § 535 I 2 BGB.

Fall 11 **

Nach langer Zeit wollten sich die Eheleute Georg (G) und Fanny (F) Gruber einmal wieder eine erholsame Urlaubsreise gönnen und planen eine richtige Luxusreise. Da „nur faul am Strand liegen“ für sie nicht in Frage kommt und G seit Jahren ein begeisterter Hobbyphotograph ist, entschieden sie sich nach eingehender Beratung im Reisebüro Vetter (V) für eine Kombinationsreise der HUI-GmbH (H) nach Kenia, bestehend aus einer Photo-Safari mit anschließendem Tauchurlaub am Meer, inklusive entsprechender Flüge von und nach München vom 18. September bis 2. Oktober 2008. Besonders die Formulierung im Reisekatalog

„Erleben und Dokumentieren Sie die Big Five in Kenia. Auf unsere 15-jährige Erfahrung bei Photosafaris können Sie sich verlassen!“, sowie die Möglichkeit des im Reisepreis enthaltenen Tauchkurses im Sporthotel in Mombasa überzeugten F und G und so unterschrieb G einen entsprechenden Vertrag.

Nach der einwöchigen Photosafari herrschte jedoch Frust bei F und G: Die im Reiseprospekt angekündigten „Big Five“-Tiere konnten nicht gesichtet werden. Stattdessen gelangen G nur Bilder von Giraffen, Zebras und einigen Antilopen. Damit würde er bei den Dia-Abenden zu Hause nicht punkten können. Vielleicht aber mit einigen Unterwasserbildern vom Tauchkurs. Doch die Urlaubsfreude blieb getrübt: Der Tauchkurs fand nur auf Französisch statt, was F und G ärgerte, weil sie diese Sprache nicht beherrschten. Zwar beschwerte G sich sofort bei der örtlichen Reiseleitung. Dort erklärte man G, an diesem Zustand nichts ändern zu können und bot einen Nachlass von 50 € auf den Reisepreis an, wenn G schriftlich zusage, im Gegenzug auf weitere Ansprüche in dieser Sache zu verzichten; F und G waren einverstanden.

Am Abreisetag ging der Ärger weiter: der gebuchte Flug war überbucht, weshalb die Airline F und G einen Ersatzflug mit einem 10-stündigen Stopover in Kairo anbot. G war hingegen der Meinung, dass er „schon genug mitgemacht“ habe, und erklärte, F und G seien nicht zum Flug über Kairo bereit, sondern verlangte den gebuchten Flug. Als ihnen dieser Flug trotzdem verweigert wurde, buchten F und G kurzentschlossen einen Flug einer anderen Fluggesellschaft, die beide direkt nach München brachte.

Eine Woche nach seiner Rückkehr überlegt sich G, ob seine Frau und er irgendwelche Rechte gegen H haben und bittet Sie um eine umfassende Beratung und Durchführung der notwendigen Schritte. Was werden Sie tun?

Hinweis: *Exakte Minderungsquoten oder Schadensersatzbeträge müssen nicht genannt werden.*

Lösung

A. Rechte des G gegen H

I. Rechte wegen der nicht gesehenen Tiere

1. Minderung, § 651d I BGB

a) Reisevertrag

Möglicherweise ist der Reisepreis aufgrund der nicht gesehenen Tiere gemindert. Die Minderung träte kraft Gesetzes ein, G müsste also kein Gestaltungsrecht ausüben, § 651d I BGB. H und G haben einen Reisevertrag geschlossen, § 651a I BGB, denn H hat sich dazu verpflichtet, gegen die Zahlung des Reisepreises eine Gesamtheit von Reiseleistungen, etwa Flüge, Hotelaufenthalte und Safari-Rundreise, zu erbringen.

b) Reisemangel

Außerdem müsste ein Reisemangel vorliegen. Das ist nach § 651c I BGB dann der Fall, wenn die tatsächliche Beschaffenheit der Reise von derjenigen abweicht, die die Vertragsparteien vereinbart oder gemeinsam, auch stillschweigend, vorausgesetzt haben und dadurch der Nutzen der Reise aufgehoben oder gemindert wird. Dazu kann insbesondere auch auf die Angaben im Reiseprospekt zurückgegriffen werden. Dort hat H ausgeführt, dass die Reisenden bestimmte Tiere sehen würden und sich mit seiner jahrelangen Erfahrung in dieser Angelegenheit ausgewiesen. Deshalb könnte dieser Umstand Inhalt der vertraglich geschuldeten Soll-Beschaffenheit der Reise geworden sein. Allerdings hat H keinen Einfluss darauf, ob sich bestimmte wild lebende Tiere tatsächlich in einem bestimmten Zeitraum an einem bestimmten Ort zeigen. Deshalb könnte man einwenden, dass der Reiseveranstalter für diese Unwägbarkeiten der Natur kaum einstehen wolle. Dagegen spricht jedoch, dass H auf seine jahrlange Erfahrung verweist und damit für den Reisenden den Eindruck erweckt, diese Unwägbarkeiten beherrschen zu können. Damit gehörte das Sichten bestimmter Tiere zur Soll-Beschaffenheit der Reise und es liegt ein Reisemangel vor.

c) Mängelanzeige

Allerdings hat es G unterlassen, eine Mängelanzeige zu machen und H auf diese Weise die Möglichkeit zur Abhilfe zu geben, § 651d II 2 BGB. Dadurch könnte er seine Reisemängelrechte verloren haben. Vorliegend war allerdings eine derartige Anzeige entbehrlich, weil der Reiseveranstalter H den Mangel nicht beseitigen kann.

d) Ergebnis

G hat deshalb einen Anspruch auf teilweise Rückzahlung des Reisepreises aus §§ 651d I 2, 638 IV BGB.

2. Schadensersatz, § 651f I BGB

Außerdem könnte G einen Schadensersatzanspruch haben. Für Reisevertrag, Reisemangel und Anzeige/Abhilfeverlangen kann nach oben verwiesen werden. Für einen Schadensersatzanspruch ist es zudem erforderlich, dass der Reiseveranstalter den Reisemangel zu vertreten hat. Hier gilt der Maßstab des § 276 I BGB. Zu beachten ist, dass das Verschulden des Reisveranstalters vermutet wird, § 651f I BGB, so dass H haftet, wenn er sich nicht exkulpieren kann.

Im Falle einer Exkulpation ist zu prüfen, ob nicht eine unselbstständige Garantie im Sinne des § 276 I 1 BGB vorliegt, weil H dem G zusagte, für das Auftreten der Tiere in jedem Fall, also verschuldensunabhängig, einzustehen. Dies ist durch Auslegung, §§ 133, 157 BGB, zu ermitteln. Die gängige Auffassung geht davon aus, dass der Reiseveranstalter insbesondere für Umstände garantiere, die für ihn erkennbar von besonderem Interesse für den Reisenden sind. Vorliegend war für G die Aussage im Katalog von erheblicher Bedeutung und für H war auch erkennbar, dass Reisende, die eine Safari buchen, besonderen Wert darauf legen, bestimme Tiere zu sehen. Auf der anderen Seite ist wiederum für den Reisenden erkennbar, dass H bei aller Erfahrung, die er für sich in Anspruch nimmt, keinen Einfluss auf das Auftreten der Tiere hat. Deshalb wird er nicht davon ausgehen können, dass H dafür verschuldensunabhängig einstehen will (a.A. vertretbar).

Kann H die Vermutung des § 651f I BGB nicht widerlegen, so schuldet er Schadensersatz in Form des Nichterfüllungsschadens und muss im Wege des „kleinen Schadensersatzes" den Minderwert der Reise ersetzen. Dieser Anspruch kann freilich nicht mit Minderungsverlangen kumuliert werden.

II. Rechte wegen des fremdsprachigen Tauchkurses

1. Minderung, § 651d I BGB

a) Voraussetzungen der Minderung

H und G haben einen Reisevertrag geschlossen; der Tauchkurs ist laut Katalog Reiseteil. Fraglich ist, ob dieser Kurs mangelhaft war. H ist deutscher Reiseveranstalter, der Reisen für deutschsprachige Reisende veranstaltet. Ohne besonderen Hinweis kann H nicht erwarten, dass ein Reisender Französisch versteht. Bei einem Tauchkurs ist es jedoch unerlässlich, den Tauchlehrer zu verstehen. Damit liegt ein Reisemangel vor. G hat den Mangel auch bei der Reiseleitung vor Ort angezeigt, § 651d II BGB.

b) Ausschluss

Allerdings hat G ein Schreiben unterzeichnet, mit dem er gegen Reduzierung des Reisepreises um 50 € auf alle Rechte wegen des mangelhaften Tauchkurses verzichtet; H, vertreten durch den örtlichen Reiseleiter, hat diesen Verzicht angenommen. Damit wäre eine weitere Minderung des Reisepreises ausgeschlossen.

Möglicherweise steht der Vereinbarung aber § 651m Satz 1 BGB entgegen, der zu Lasten des Reisenden von §§ 651a-l BGB abweichende Vereinbarungen verbietet. Fraglich ist, ob diese Regelung nur Vereinbarungen im Reisevertrag oder auch Verzichtserklärungen am Urlaubsort, die die Modalitäten der Mängelbeseitigung regeln, erfasst. Der Wortlaut der Norm gibt keinen Hinweis zu einer Beschränkung auf reisevertragliche Vereinbarungen; zudem hat das Reisevertragsrecht verbraucherschützenden Charakter, so dass auch deshalb der Anwendungsbereich des § 651m Satz 1 BGB eher weit zu fassen ist (a.A. vertretbar).

c) Ergebnis

G hat deshalb einen Anspruch auf teilweise Rückzahlung des Reisepreises aus §§ 651d I 2, 638 IV BGB.

2. Schadensersatz, § 651f I BGB

Außerdem könnte G einen Schadensersatzanspruch haben. Für Reisevertrag, Reisemangel und Anzeige/Abhilfeverlangen kann nach oben verwiesen werden. Für einen Schadensersatzanspruch ist es zudem erforderlich, dass der Reiseveranstalter den Reisemangel zu vertreten hat. Hier gilt der Maßstab des § 276 I BGB. Zu beachten ist, dass das Verschulden des Reiseveranstalters vermutet wird, § 651f I BGB, so dass

H haftet, wenn er sich nicht exkulpieren kann. Davon dürfte vorliegend auszugehen sein, weil die Leistungsträger, die einzelnen Reiseleistungen erbringen, als Erfüllungsgehilfen, § 278 BGB, des H anzusehen sind, für deren Verschulden H einzustehen hat.

Somit schuldet er Schadensersatz in Form des Nichterfüllungsschadens und muss im Wege des „kleinen Schadensersatzes" den Minderwert der Reise ersetzen. Dieser Anspruch kann freilich nicht mit Minderungsverlangen kumuliert werden.

III. Rechte wegen der Rückflugkosten

1. Aufwendungsersatzanspruch, § 651c III BGB

H und G haben einen Reisevertrag geschlossen, der als Reiseleistung auch den Rückflug umfasst. Geschuldet war ein Direktflug, angeboten wurde ein Flug mit zehnstündigem Aufenthalt in Kairo. Damit liegt eine für den Reisenden nachteilige Abweichung von der Soll-Beschaffenheit der Reise und deshalb ein Mangel vor.

Allerdings müsste G den Mangel beim Reiseveranstalter H angezeigt und ihn zur Abhilfe aufgefordert haben. Vorliegend hat sich G lediglich bei der Fluggesellschaft als Leistungsträger beschwert. Leistungsträger sind aber nicht taugliche Adressaten für eine derartige Anzeige, sie sind auch nicht Empfangsboten des Reiseveranstalters, zumal auch die Reiseleitung am Urlaubsort vertreten war.

Mangels Abhilfeverlangen gegenüber dem richtigen Adressaten sind keine Ansprüche gegeben.

2. Weitere Ansprüche

Aus dem gleichen Grund scheiden auch weitere Ansprüche wegen der Flugkosten aus.

IV. Rechte wegen entgangener Urlaubsfreuden

Wegen entgangener Urlaubsfreuden könnte G ein Anspruch auf Schadensersatz aus § 651f II BGB zustehen. Voraussetzung ist eine Vereitelung oder eine erhebliche Beeinträchtigung der Reise. Diese liegt vor, wenn eine Gesamtwürdigung anhand der konkreten Ausgestaltung der geschuldeten Reise sowie der Art und Dauer der Beeinträchtigung nach objektivem Maßstab die Reise für den Reisenden überwiegend wertlos war. Das soll dann der Fall sein, wenn die zu Grunde liegenden Mängel zu einer Minderung von mindestens 50% berechtigen. Das dürfte vorliegend der Fall sein. Eine erhebliche Beeinträchtigung kann daher angenommen werden. (a.A. vertretbar).

Damit kann G von H Ersatz immateriellen Schadens nach § 651f II BGB verlangen.

B. Rechte der F gegen H

Die Reise der F hat unter denselben Beeinträchtigungen gelitten wie die Reise des G. Also könnte F auch dieselben Ansprüche geltend machen. Voraussetzung wäre aber, dass zwischen H und F ein Reisevertrag geschlossen wurde. Vorliegend hat jedoch nur G den Vertrag unterschrieben. Es ist nicht ersichtlich, dass G seine Frau dabei vertreten hätte. Möglicherweise wurde F aber über § 1357 BGB mitberechtigt und -verpflichtet. Dazu müsste es sich bei der Reise um ein Geschäft zur Deckung des angemessenen Lebensbedarfs handeln, § 1357 I BGB. Das bestimmt sich nach dem konkreten Lebenszuschnitt von F und G. Beide planen jedoch eine Luxusreise, also eine Reise, die über das gewöhnliche Niveau von F und G hinausgeht. Damit greift § 1357 BGB nicht.

Möglicherweise ist F aber in den Schutzbereich des von H und G geschlossenen Vertrages einbezogen, § 328 BGB analog (a.A.: § 311 III BGB). F kommt mit der Reise bestimmungsgemäß genauso in Berührung wie G. Auch hat G ein berechtigtes Interesse an der Einbeziehung seiner Frau in den Schutzbereich. Beides war für H auch erkennbar. Schließlich ist F auch schutzwürdig, weil ihr eigene vertragsbasierte Ansprüche gegen H nicht zustehen.

Damit kann F gegen H aus §§ 651a ff BGB, 328 BGB analog dieselben Ansprüche geltend machen wie G.

C. Weiteres Vorgehen

Zu beachten ist, dass F und G sich innerhalb eines Monats nach dem vertraglich vorgesehenen Reiseende gegenüber H auf sämtliche Reisemängelrechte berufen müssen, § 651g I 1 BGB; andernfalls sind beide mit ihren Rechten ausgeschlossen.

Es handelt sich dabei um eine Ereignisfrist, fristauslösendes Ereignis ist das vertraglich vorgesehene Reiseende am 2. Oktober 2008. Die Monatsfrist des § 651g I BGB beginnt somit am 3. Oktober 2008 um 0.00 Uhr, § 187 I BGB, und endet am 2. November 2008 um 24.00 Uhr, § 188 II BGB. Dabei handelt es sich jedoch um einen Sonntag. Deshalb könnte § 193 BGB einschlägig sein, der das Fristende auf den nächsten Werktag verschiebt. Diese Norm bezieht sich aber nur auf Fristen zur Abgabe einer Willenserklärung oder Bewirkung einer Leistung und die Geltendmachung eines Anspruchs ist insbesondere keine Willenserklärung. Jedoch soll auch hier keine Fristverkürzung zu Lasten desjenigen eintreten, der die Frist zu wahren hat, und § 193 BGB kann entsprechende Anwendung finden (a.A. vertretbar). F und G müssen also spätestens am 3. November 2008 ihre Ansprüche geltend machen, die innerhalb von zwei Jahren verjähren, § 651g II BGB.

Teil 2

Gesetzliche Schuldverhältnisse

Fall 1 **

Der Student Sachs (S) hat zufällig beobachtet, wie eine Katze auf der Straße angefahren wird. Er brachte die verletzte Katze sofort zum Tierarzt, der für seine Behandlung 50 € Honorar verlangte, und nahm die Katze anschließend mit nach Hause. Um den Eigentümer möglichst schnell ausfindig zu machen, hängte er anschließend überall in der Umgebung Zettel aus. Gleich in der ersten Nacht zerkratzte die Katze, die schon wieder recht munter war, das teure Ledersofa des Sachs. Die Reparatur kostete 2000 €. Als sich nach einigen Tagen der Eigentümer noch nicht gemeldet hatte, beschloss Sachs, die Katze zu behalten. Einige Tage später meldete sich schließlich doch der Eigentümer Eschenrieder (E) und nahm seine entlaufene Katze dankbar entgegen. Als Sachs ihn darauf aufmerksam machte, dass er insgesamt 2050 € Unkosten für die Katze gehabt habe, erklärte Eschenrieder, das gehe ihn nichts an. Kann Sachs von Eschenrieder die ihm entstandenen Kosten ersetzt verlangen?

Lösung

A. Ansprüche des S gegen E wegen der Tierarztrechnung (50 €)

I. Anspruch S gegen E aus § 970 BGB

Ein Anspruch des S gegen E auf Ersatz der 50 € Arztkosten für die Katze könnte sich aus § 970 BGB ergeben. Dazu wäre erforderlich, dass die Katze eine verlorene Sache, S ihr Finder und E Empfangsberechtigter ist. Tiere werden, soweit nichts anderes angeordnet ist, wie Sachen behandelt, § 90a BGB, so dass § 970 BGB angewendet werden kann. Verloren ist eine Sache, sobald sie besitzlos, aber nicht herrenlos geworden ist. Herrenlos war die Katze nicht, denn ihr Eigentümer hat die Katze nicht ausgesetzt und so das Eigentum an ihr aufgegeben, § 959 BGB, sondern lediglich die Sachherrschaft über die Katze verloren, weil er den Aufenthaltsort seiner Katze nicht mehr kannte, die verletzt war und deshalb nicht mehr zurückkommen konnte. Finder ist derjenige, der die Sache auffindet und an sich nimmt, was S mit der Katze getan hat. Schließlich ist E als Verlierer der Sache auch Empfangsberechtigter, §§ 969, 970 BGB.

Damit kann S von E Ersatz für Aufwendungen zur Erhaltung der Fundsache verlangen, soweit S die Aufwendungen für erforderlich halten durfte. Unter Aufwendungen sind freiwillige Vermögensopfer zu verstehen. S hat sein Vermögen freiwillig gemindert, indem er mit dem Tierarzt einen Behandlungsvertrag geschlossen hat, der zu einer Rechnung in Höhe von 50 € führte. Die ärztliche Behandlung diente der Erhaltung der Katze. Fraglich ist, ob S diese Aufwendungen für erforderlich halten durfte. Möglicherweise ist der Wert der Katze, auch wenn sie wieder gesund ist, mit weniger als 50 € zu veranschlagen. Auf der anderen Seite werden gerade bei Haustieren von deren Haltern derartige Wirtschaftlichkeitserwägungen nicht angestellt, so dass S die Aufwendungen für erforderlich halten durfte. Auch wenn man das anders sähe, würde dadurch ein Anspruch aus § 970 BGB nicht ausgeschlossen, denn der Finder hat auch bei seiner ex-ante-Prognose über die Erforderlichkeit einer Aufwendung nur Vorsatz und grobe Fahrlässigkeit zu vertreten, § 968 BGB, und ein grob fahrlässiges Verkennen der Erforderlichkeitsmaßstäbe kann man S sicherlich nicht vorwerfen.

Damit kann S von E Zahlung von 50 € aus § 970 BGB verlangen.

II. Anspruch S gegen E aus §§ 677, 683 S. 1, 670 BGB

Ein Zahlungsanspruch könnte sich überdies auch aus Geschäftsführung ohne Auftrag ergeben, wenn S ein Geschäft des E geführt hat, ohne dazu anderweitig berechtigt oder verpflichtet zu sein, und die Geschäftsführung mit dem Willen und dem Interesse des E vereinbar war.

1. Fremdes Geschäft

Geschäftsführung ist jedes Tätigwerden auf rechtlicher oder tatsächlicher Ebene. S hat einen Behandlungsvertrag zur ärztlichen Versorgung der Katze geschlossen und war somit rechtlich tätig. Die Veranlassung der tierärztlichen Versorgung der Katze stellt damit eine Geschäftsbesorgung dar. S müsste außerdem ein fremdes Geschäft, nämlich ein Geschäft des E wahrgenommen haben. Fremd ist ein Geschäft, wenn es nicht ausschließlich den Rechts- und Interessenkreis des Geschäftsführers beinhaltet, sondern zumindest auch in den Rechts- und Interessenkreis eines anderen fällt. S ließ die verletzte Katze behandeln, die dem E gehörte. Für die Erhaltung der Gesundheit des Tieres ist dessen Eigentümer zuständig. Es handelt sich deshalb um ein Geschäft, das nach seinem Gegenstand und Erscheinungsbild zum Rechtskreis des Eigentümers E gehört. Das Geschäft war demzufolge für S objektiv fremd.

2. Fremdgeschäftsführungswille

Außerdem müsste S mit Fremdgeschäftsführungswillen gehandelt haben. Das ist dann der Fall, wenn der Geschäftsführer wissentlich und willentlich die Angelegenheit eines anderen besorgt. Vorliegend handelte es sich um ein objektiv fremdes Geschäft, weil es nach außen erkennbar in einen fremden Rechts- und Interessenkreis fällt. Somit kann mangels entgegenstehender Anzeichen der Fremdgeschäftsführungswille vermutet werden.

3. Ohne Auftrag

Fraglich ist jedoch, ob S ohne Auftrag gehandelt hat. Das wäre dann der Fall, wenn S nicht anderweitig rechtsgeschäftlich oder gesetzlich zu seinem Handeln verpflichtet war. S war als Finder zur Verwahrung der gefundenen Katze verpflichtet, § 966 BGB. Die Verwahrungspflicht umfasst auch die Pflicht zur Erhaltung der Fundsache, also beispielsweise zur Fütterung der Katze; zur Erhaltung der Katze gehören auch notwendige ärztliche Behandlungen.

Damit handelte S nicht ohne Auftrag und ein Anspruch aus Geschäftsführung ohne Auftrag besteht nicht.

III. Anspruch S gegen E aus § 994 BGB

Ein Verwendungsersatzanspruch des S gegen E setzt zunächst das Bestehen einer Vindikationslage zur Zeit der ärztlichen Behandlung der Katze voraus. E war Eigentümer der Katze, S ihr Besitzer. Allerdings gibt das Fundrecht dem Finder nicht nur die Pflicht, sondern auch das Recht zur Verwahrung der Sache, solange nicht der Empfangsberechtigte oder die zuständige Behörde den Finder zur Herausgabe der Fundsache aufgefordert haben, so dass S berechtigter Besitzer war und Ansprüche aus Eigentümer-Besitzer-Verhältnis deshalb ausscheiden.

B. Ansprüche des S gegen E wegen des Ledersofas (2000 €)

I. Anspruch S gegen E aus § 970 BGB

Die Voraussetzungen eines Anspruchs aus § 970 BGB liegen vor, vgl. oben. Allerdings hat S die 2000 € nicht freiwillig, sondern unfreiwillig aufgewendet, so dass es sich nicht um eine Aufwendung, sondern um einen Schaden handelt. Die Ersatzfähigkeit von Schäden ist in § 970 BGB jedoch nicht geregelt. Nach gängiger Auffassung umfasst der Aufwendungsbegriff im Rahmen der Geschäftsführung ohne Auftrag, §§ 683 S. 1, 670 BGB, jedoch auch die Schäden, die dadurch entstehen, dass sich das typische Risiko der übernommenen Geschäftsführung realisiert hat, da durch GoA-Vorschriften altruistisches Handeln gefördert werden soll. Diese Wertung kann auf das Verhältnis Verlierer – Finder, das in Anlehnung an die Geschäftsführung ohne Auftrag geregelt ist, übertragen werden: Der Finder soll ermutigt werden, die Fundsache an sich zu nehmen. Daher ist es gerechtfertigt, ihn von den Risiken, die von der Fundsache ausgehen und somit eigentlich der Sphäre des Verlierers entstammen, freizuhalten.

Bei dem zerkratzten Ledersofa müsste es sich somit um einen risikotypischen Begleitschaden handeln. Risikotypisch sind die Gefahren, die mit der Art der Tätigkeit oder den Umständen, unter denen sie auszuführen sind, erkennbar und mit einer gewissen Wahrscheinlichkeit verbunden sind. Wer eine fremde Katze bei sich aufnimmt hat ein erhöhtes Risiko, dass diese Katze auch Gegenstände in der Wohnung zerstört. Es handelt sich bei dem zerkratzen Sofa also nicht um einen auf dem allgemeinen Lebensrisiko beruhende Schaden, sondern gerade um einen risikotypischen Begleitschaden. Demzufolge kann S auch den Schaden am Sofa ersetzt verlangen. Allerdings wird er sich eine Kürzung seines Anspruchs nach § 254 I BGB analog gefallen lassen müssen, durfte er doch die Katze nicht unbeaufsichtigt bei dem Ledersofa belassen.

II. Ansprüche S gegen E aus GoA und EBV

Ansprüche aus Geschäftsführung ohne Auftrag und Eigentümer-Besitzer-Verhältnis bestehen nicht, vgl. oben.

III. Anspruch S gegen E aus § 833 BGB

In Betracht kommt jedoch ein Anspruch des S gegen E wegen Beschädigung des Sofas aus § 833 BGB. Die Beschädigung einer Sache ist eingetreten und S als Eigentümer des Sofas ist auch Verletzter und damit tauglicher Gläubiger des Anspruchs.

Fraglich ist jedoch, ob S im Zeitpunkt der Beschädigung auch Tierhalter war. Halter ist derjenige, der die Bestimmungsmacht über das Tier ausübt, die Kosten des Tieres trägt und Nutzen und Wert des Tieres für sich in Anspruch nimmt. Es ist davon auszugehen, dass E Halter der Katze war, bevor sie ihm entlaufen ist. Fraglich ist jedoch, ob er noch immer Halter ist, obwohl ihm die Katze entlaufen ist und inzwischen S die Katze bei sich aufgenommen hat. Allein durch das Entlaufen der Katze hat E seine Eigenschaft als Halter nicht verloren. Jedoch könnte die Katze mit S nunmehr einen neuen Halter haben, der E aus seiner Position als Halter verdrängt hat. Allerdings ist dazu mehr als die nur vorübergehende Aufnahme eines fremden Tieres erforderlich. Zwar hat sich S entschlossen, die Katze zu behalten, sie wie ein eigenes Tier behandelt und sich damit zum Tierhalter gemacht. Dies geschah jedoch erst nach der Beschädigung des Sofas. Zum maßgeblichen Zeitpunkt der Beschädigung war hingegen E der Halter der Katze.

Nachdem die Katze nicht dem Beruf, der Erwerbstätigkeit oder dem Unterhalt des Tierhalters E dient, ist dieser zur Zahlung von Schadensersatz in Höhe von 2000 € verpflichtet, §§ 833, 249 I BGB auch hier ist nach § 254 BGB zu kürzen.

IV. Ergebnis

S kann von E somit aus § 970 BGB und aus § 833 BGB Schadensersatz verlangen, der jeweils nach § 254 I BGB zu kürzen ist.

Fall 2 ***

Moritz Malzhammer (M, 16 Jahre) kauft regelmäßig für seine Mutter Lebensmittel ein und darf dafür meist das überzählige Geld noch für sich selbst ausgeben. Von dem überzähligen Geld kauft er sich am liebsten Lose. Am 4. Mai 2008 hat er Glück und gewinnt ein Auto im Wert von 12 000 €. Moritz hat mit seinen 16 Jahren aber noch keinen Führerschein und findet Auto fahren sowieso spießig; viel lieber will er mit 18 den Motorradführerschein machen. Deshalb bietet Moritz seinem Schulkameraden Anton Aertl, der stolz darauf ist, als erster in der

Klasse gerade 18 geworden zu sein, das Auto für 10 000 € an. Beide werden sich einig und vereinbaren, dass Anton zunächst 1000 € anzahlt. Die restliche Bezahlung und die Übergabe des Autos solle erst dann stattfinden, wenn Moritz seine Eltern um Erlaubnis gebeten hat.

Mit den 1000 € Anzahlung macht sich Moritz auf den Weg zum Zwei-Rad-Händler Zosalla (Z) und ersteht für die Summe ein Moped, mit dem er auch schon mit 16 fahren darf. Zosalla, der froh ist, dieses Moped endlich verkauft zu haben, legt die 1000 € zufrieden in seine gut gefüllte Kasse. Stolz zeigt M das Moped zu Hause seinem Vater und erzählt ihm die ganze Geschichte. Der Vater, der als Jugendlicher selbst gerne an Mopeds herumgebastelt hat, ist begeistert. Moritz' Mutter bekommt von allem hingegen nichts mit, weil sie mit den Hochzeitsvorbereitungen beschäftigt ist; um in den Genuss des Ehegattensplittings zu kommen, wollen Moritz' Eltern nämlich am 8. August 2008 heiraten.

Moritz macht sich daraufhin auf den Weg zu seinem Kumpel Franz Fürdinger, der ihm dabei hilft, das Moped ordentlich aufzumotzen, so dass die PS-Zahl verdoppelt wird, was zu einer Wertsteigerung des Mopeds von 250 € führt. Das erste Mal mit dem getunten Moped unterwegs, verliert Moritz prompt die Kontrolle über das Fahrzeug und fährt gegen eine Leitplanke. Zwar kann Franz dabei helfen, das Moped wieder komplett in Stand zu setzen, Moritz hat nach dem Unfall aber die Lust am Mopedfahren verloren, sondern will in Zukunft mehr Zeit mit Lesen verbringen. Er wendet sich an Zosalla und erklärt ihm, er wolle gegen Rückgabe des Mopeds seine 1000 € zurück und verlange zusätzlich 250 € für die Wertsteigerung durch das Tuning. Zosalla will hingegen am Vertrag festhalten. Allenfalls sei er bereit, 750 € an Moritz zu bezahlen, weil das Moped zwar nach dem Unfall repariert worden sei, aber durch den Verlust des Prädikats „unfallfrei" 250 € an Wiederverkaufswert verloren habe. Mit der Wertsteigerung durch das Tuning könnte er sowieso nichts anfangen, da er ein illegal getuntes Moped nicht verkaufen könne.

Was kann Moritz von Zosalla verlangen?

Lösung

I. Anspruch M gegen Z auf Rückgabe der 1000 € aus § 985 BGB

M könnte gegen Z einen Anspruch auf Rückgabe des Geldes, also der Banknoten, die er an Z gezahlt hat, haben. Dazu müsste M Eigentümer der Banknoten und Z unberechtigter Besitzer sein.

Ursprünglich war A Eigentümer der Banknoten. A könnte die Banknoten jedoch an M übereignet haben. A und M haben sich über den Eigentumsübergang geeinigt, § 929 S. 1 BGB. Allerdings ist M lediglich beschränkt geschäftsfähig, §§ 2, 106 BGB. Deshalb könnte es für die Wirksamkeit der Einigung der Zustimmung des gesetzlichen Vertreters des M bedürfen. Das wäre jedoch nur der Fall, wenn das

Geschäft für M nicht lediglich rechtlich vorteilhaft wäre. Hier soll M Eigentum erwerben, ohne dass damit irgendwelche rechtlichen Nachteile verknüpft wären. Somit war die Einigung auch ohne Zustimmung des gesetzlichen Vertreters wirksam. A hat die Banknoten auch an M übergeben, § 929 S. 1 BGB und war zur Verfügung über die Banknoten als Eigentümer berechtigt. Damit ist M Eigentümer der Banknoten geworden.

M könnte das Eigentum jedoch wieder verloren haben, indem er die Banknoten an Z übereignet hat. Er hat sich mit Z über den Eigentumsübergang geeinigt, § 929 S. 1 BGB. Diese Einigung betraf ein für M nicht lediglich rechtlich vorteilhaftes Geschäft, weil sie zum Eigentumsverlust bei M führen sollte. Deshalb bedurfte M der Zustimmung seines gesetzlichen Vertreters. Der Vater des M hat seine Genehmigung, § 108 I BGB, zu dem Geschäft erteilt. Fraglich ist jedoch, ob der Vater überhaupt gesetzlicher Vertreter des M ist. Die Eltern des M waren zu diesem Zeitpunkt nicht miteinander verheiratet und hatten auch keine Sorgeerklärungen abgegeben; deshalb war gesetzlicher Vertreter des M allein seine Mutter, §§ 1626a I, 1629 BGB. Somit ist die Einigung zwischen M und Z schwebend unwirksam und ein Eigentumsübergang nach § 929 BGB hat nicht stattgefunden.

In Betracht kommt jedoch ein Eigentumserwerb des Z nach § 948 I BGB. Das wäre dann der Fall, wenn bewegliche Sachen untrennbar miteinander vermischt worden wären. Die Banknoten sind bewegliche Sachen. Als Z sie in seine gut gefüllte Kasse einsortiert hat, wurden sie untrennbar mit dem anderen Geld in der Kasse und den weiteren Tageseinnahmen des Z vermischt. Die Rechtsfolge der Vermischung richtet sich nach § 947 BGB: Nachdem die Kasse gut gefüllt war, ist der Kassenbestand des Z als Hauptsache im Sinne des § 947 II BGB anzusehen und Z ist Alleineigentümer des Kassenbestandes geworden.

M ist also nicht Eigentümer der Banknoten, so dass ein Anspruch aus § 985 BGB ausscheidet.

II. Anspruch M gegen Z auf Rückzahlung der 1000 € aus § 812 I 1 Alt. 1 BGB

Möglicherweise hat M gegen Z jedoch einen Anspruch aus Leistungskondiktion. Z hat Eigentum und Besitz an den Banknoten im Wert von 1000 € erlangt. Dies müsste durch Leistung des M geschehen sein. Unter Leistung ist die bewusste, zweckgerichtete Mehrung fremden Vermögens zu verstehen. M hat das Vermögen des Z willentlich und damit bewusst gemehrt. Fraglich ist jedoch, ob die Vermögensmehrung auch zweckgerichtet geschah. Bei einer rechtsgeschäftlichen Leistungserbringung hat auch die Zweckbestimmung rechtsgeschäftsähnlichen Charakter. Deshalb kann bereits daran gezweifelt werden, ob der beschränkt geschäftsfähige M in der Lage ist, eine Zweckbestimmung im Rahmen eines nicht lediglich rechtlich vorteilhaften Rechtsgeschäfts vorzunehmen. Überdies hat Z das Eigentum an den Banknoten, wie erörtert, kraft Gesetzes erlangt, § 948 I, 947 II BGB. Damit fehlt es vorliegend an einer Leistung.

Ein Anspruch des M gegen Z aus § 812 I 1 Alt. 1 BGB besteht mithin nicht.

III. Anspruch M gegen Z auf Rückzahlung der 1000 € aus § 812 I 1 Alt. 2 BGB

1. Etwas erlangt auf sonstige Weise auf Kosten des M

In Betracht kommt aber ein Anspruch des M gegen Z aus Nichtleistungskondiktion. Z hat Eigentum und Besitz an den Banknoten im Wert von 1000 € erlangt. Dies geschah auf sonstige Weise, also nicht durch Leistung, vgl. oben, und auf Kosten des M, dem das Eigentum an den Banknoten zuvor zugestanden hatte.

2. Ohne Rechtsgrund

Ein Rechtsgrund könnte in dem Kaufvertrag über das Moped zwischen Z und M liegen. Dieses Geschäft ist für M jedoch nicht lediglich rechtlich vorteilhaft, weil es ihn zur Kaufpreiszahlung verpflichtet, und bedurfte deshalb der Zustimmung des gesetzlichen Vertreters, an der es hier fehlt, vgl. oben. Eine Zustimmung ist jedoch nicht notwendig, wenn der Minderjährige eine Leistung mit Mitteln bewirkt, die ihm vom gesetzlichen Vertreter oder mit dessen Zustimmung von Dritten überlassen wurden, § 110 BGB. Die 1000 € für das Moped hat M aus dem Verkauf des Autos erlöst, das er in der Lotterie gewonnen hat. Das Geld für die Lotterielose wiederum hat M von seiner Mutter zur freien Verfügung erhalten. Der Kaufvertrag über das Lotterielos ist somit wirksam. Die Einwilligung der Mutter geht aber nicht so weit, dass M auch über den möglichen Lotteriegewinn frei verfügen kann. Hierzu bedarf es einer gesonderten Einwilligung der gesetzlichen Vertreter. Damit ist der Kaufvertrag schwebend unwirksam und bildet keinen Rechtsgrund für das Behaltendürfen des Erlangten durch Z.

3. Rechtsfolge

Rechtsfolge ist die Pflicht des Z zur Herausgabe des Erlangten, also zu Übereignung und Übergabe der Banknoten, die M ihm gegeben hat, § 818 I BGB. Nachdem diese Banknoten aber nicht mehr individualisierbar sind, kommt lediglich ein Anspruch auf Wertersatz, § 818 II BGB, also auf Zahlung von 1 000 € in Betracht.

4. Anspruch durchsetzbar

Allerdings könnte der Anspruch möglicherweise nicht vollständig durchsetzbar sein, weil Z dem M seinen Anspruch aus Rückabwicklung des schwebend unwirksamen Kaufvertrags entgegenhalten kann („Saldotheorie“).

a) Gegenanspruch Z gegen M

Zunächst ist zu prüfen, ob Z seinerseits einen Bereicherungsanspruch gegen M hat, § 812 I 1 Alt. 1 BGB. M hat, weil die Übereignung des Mopeds an ihn ein für ihn lediglich rechtlich vorteilhaftes Geschäft im Sinne des § 107 BGB war, Eigentum und Besitz an dem Moped erlangt. Das geschah durch bewusste, auf die Erfüllung des vermeintlich wirksamen Kaufvertrags gerichtete Vermögensmehrung seitens des Z, also durch Leistung. Ein Rechtgrund bestand nicht, weil der Kaufvertrag zwischen Z und M schwebend unwirksam ist, vgl. oben.

Somit hat auch M das Erlangte an Z herauszugeben, ihm also Eigentum und Besitz an dem Moped zu verschaffen. Das ist zwar möglich, allerdings hat das Moped inzwischen einen Unfall erlitten und ist deshalb nur noch 750 € wert. Deshalb muss M überdies Wertersatz in Höhe von 250 € leisten, § 818 II BGB. Allerdings könnte sich M insoweit möglicherweise auf Entreicherung berufen, § 818 III BGB, nachdem er zunächst Eigentum und Besitz an einem Moped im Wert von 1000 € erlangt hatte, das infolge des Unfalls jedoch 250 € an Wert eingebüßt hat, ohne dass ein Surrogat in das Vermögen des M geflossen wäre.

Die Berufung auf § 818 III BGB wäre jedoch ausgeschlossen, wenn M nach § 819 I BGB verschärft haften würde. Das wäre dann der Fall, wenn M als Empfänger der Leistung bei Übergabe und Übereignung des Mopeds gewusst hätte, dass kein Rechtsgrund besteht. Bevor auf den Kenntnisstand des M einzugehen ist, muss jedoch zunächst geklärt werden, ob es bei einem minderjährigen Leistungsempfänger überhaupt auf dessen Kenntnis und nicht die Kenntnis seines gesetzlichen Vertreters ankommt. Das wird jedenfalls im Rahmen der Leistungskondiktion von der überwiegenden Auffassung zu Recht so gesehen, § 166 I BGB. Die Mutter des M als gesetzlicher Vertreter wusste jedoch von dem Vorgang nichts, so dass M nicht verschärft haftet und sich auf § 818 III BGB berufen kann.

Damit schuldet M nur Herausgabe des Erlangten, nicht aber darüber hinaus Wertersatz (a.A. vertretbar).

b) Anwendung der Saldotheorie bei ungleichartigen Ansprüchen

Nach gängiger Auffassung insbesondere der Rechtsprechung sind zwei bereicherungsrechtliche Rückabwicklungsansprüche aus einem gescheiterten synallagmatischen Vertrag gegeneinander zu saldieren, weil das Synallagma im Rahmen der Rückabwicklung gleichsam nachwirkt (Saldotheorie). Vorliegend ist eine derartige Saldierung jedoch nicht möglich, weil es sich nicht um zwei Geldansprüche handelt. Vielmehr führt bei ungleichartigen Ansprüchen die Anwendung der Saldotheorie dazu, dass die Ansprüche (wie im Rahmen der Erfüllung nach § 320 I BGB) nur Zug um Zug erfüllt werden müssen. M schuldet Z nur Übereignung und Übergabe eines Mopeds, das noch 750 € wert ist und kann seinerseits deshalb nur Rückzahlung von 750 € von Z verlangen.

Allerdings ist die Saldotheorie nicht ausnahmslos anwendbar. Vorliegend würde ihre Anwendung zu einem Nachteil für den minderjährigen M führen, der nur noch einen Teil des von ihm entrichteten Kaufpreises kondizieren könnte. Deshalb wird die Saldotheorie nicht zu Lasten des Minderjährigen angewendet und beide Kondiktionsansprüche werden unverbunden nebeneinandergestellt (Zweikondiktionentheorie), so dass M seinen Anspruch aus § 812 I 1 Alt. 2 BGB gegen Z doch in vollem Umfang durchsetzen kann.

IV. Anspruch M gegen Z auf Zahlung von 250 €, § 812 I 1 Alt. 1 BGB

M könnte zudem einen Anspruch gegen Z § 812 I 1 Alt. 1 BGB in Höhe von 250 € haben, weil das Moped durch das Tuning eine Wertsteigerung in dieser Höhe erfahren hat. Dazu müsste Z etwas erlangt haben. Gegenwärtig ist jedoch noch M Eigentümer des nunmehr wertvolleren Mopeds, so dass sich im Vermögen des Z noch kein Vorteil niedergeschlagen hat. In dem Augenblick, in dem Z seinen oben geprüften Bereicherungsanspruch gegen M durchsetzt und auf diese Weise Eigentum und Besitz an dem nun getunten Moped erhält, wird er jedoch den in der Wertsteigerung des Mopeds bestehenden Vermögensvorteil erlangen. Dies wird auch durch Leistung geschehen, denn M wird das Vermögen des Z bewusst, also willentlich, und zweckgerichtet, nämlich zur Erfüllung des Bereicherungsanspruchs des Z, mehren. Für diese Vermögensmehrung wird jedoch kein rechtlicher Grund bestehen, weil sich der Bereicherungsanspruch des Z gegen M auf ein ungetuntes Moped bezieht und Z die Wertsteigerung nur deshalb erlangt, weil sie untrennbar mit dem Moped verbunden ist.

Damit kann, nachdem die Herausgabe des Erlangten nicht möglich ist, M von Z Wertersatz in Höhe von 250 € verlangen, § 818 II BGB. Allerdings kann Z mit dem Tuning nichts anfangen, weil es das Moped in einen illegalen Zustand versetzt und deshalb unverkäuflich macht. Z ist vielmehr gezwungen, die Leistungsfähigkeit des Mopeds wieder zu reduzieren. Deshalb kann er die ihm zugeflossene Bereicherung nicht zumutbar realisieren.

Die Bereicherung ist Z somit aufgedrängt worden und Z muss deshalb nicht Wertersatz an M leisten, § 818 III BGB analog.

Fall 3 ***

Der 30-jährige Arnulf (A) unterhält eine Beziehung zu seiner 80-jährigen Nachbarin Ottilie (O). Da die beiden glücklich sind und zusammen bleiben wollen, bis der Tod sie scheidet, schlägt der Arnulf der Ottilie vor, er könne ihr doch sein Grundstück, das eigentlich 500 000 € wert sei, für einen sehr günstigen Preis von 200 000 € verkaufen, so dass das ohnehin schon große Haus der Ottilie weiter ausgebaut werden und sich zu einer herrlichen Prachtvilla entwickeln könne. Der Verlust seines eigenen Grundstücks sei für ihn deshalb kein Problem, weil er beim Tod der Ottilie ohnehin das gesamte Grundstück erben würde. Ottilie war begeistert von der Idee und so wurden die Grundstücke, nachdem Notar Dr. Leiß alles beurkundet und das Grundbuchamt die Eintragung vorgenommen hatte, zusammengelegt und es entstand eine schöne Villa.

Nach Abschluss der Bauarbeiten überlegte sich Ottilie die ganze Sache mit der Erbschaft jedoch anders und eröffnete Arnulf, dass er zwar ihre wertvolle Sammlung von Tillmetz-Bildern, nicht aber das Grundstück bekommen werde. Dieses soll zur Verwendung für einen guten Zweck der Gemeinde zukommen. Arnulf fragt sich daraufhin, ob es eine Möglichkeit gibt, „sein“ Grundstück zurück zu erhalten.

Lösung

A. Anspruch A gegen O auf Herausgabe des Grundstücks, § 985 BGB

A könnte gegen O einen Anspruch auf Herausgabe des Grundstücks aus § 985 BGB haben. Dazu müsste er Eigentümer des Grundstücks sein. Das war zunächst der Fall, allerdings könnte A sein Eigentum an O übertragen haben, §§ 873 I, 925 BGB. Eine Einigung zwischen A und O hat stattgefunden. Auch die Grundbucheintragung ist erfolgt. A war schließlich auch dazu berechtigt, über sein Grundstück zu verfügen. Damit ist O Eigentümerin geworden.

Allerdings könnte A die dingliche Einigung nach § 123 I BGB anfechten. Grundsätzlich wirkt sich eine Anfechtung nur auf das Verpflichtungsgeschäft, nicht auf das neutrale Verfügungsgeschäft aus. Eine arglistige Täuschung ist jedoch so schwerwiegend, dass sich in diesen Fällen die Anfechtung auch auf das Verfügungsgeschäft durchschlagen kann. Fraglich ist jedoch, ob überhaupt eine arglistige Täuschung durch O vorliegt. Täuschen heißt, irreführend auf das Vorstellungsbild eines anderen einzuwirken. O hatte dem A zugesagt, dass er das Grundstück im Falle ihres Todes der O erben würde. Mangels entgegenstehender Umstände ist davon auszugehen, dass O damals tatsächlich eine derartige Erbeinsetzung vorgesehen hatte. Dass O später ihre Meinung geändert hat, ist unerheblich. Eine Anfechtung wegen arglistiger Täuschung kommt somit nicht in Betracht.

A hat also keinen Anspruch gegen O auf Herausgabe des Grundstücks aus § 985 BGB.

B. Anspruch A gegen O aus §§ 313, 346 I BGB

A hat gegen O einen Anspruch auf Rückübereignung und Rückgabe des Grundstücks aus §§ 313, 346 I BGB, wenn die Geschäftsgrundlage des Grundstückskaufvertrags in einer Weise gestört worden ist, die es dem A unzumutbar macht, am Vertrag festzuhalten.

I. Wirksamer Kaufvertrag

Voraussetzung wäre jedoch zunächst, dass A und O überhaupt einen wirksamen Kaufvertrag über das Grundstück geschlossen haben. Die Parteien haben sich zwar darüber geeinigt, dass A der O sein Grundstück zu einem sehr günstigen Preis überlässt, jedoch könnte der Vertrag gegen § 2302 BGB verstoßen. Diese Norm verbietet einen Vertrag, durch den sich jemand vertraglich verpflichtet, eine Verfügung von Todes wegen zu errichten. Hier könnte man annehmen, O verpflichte sich als Gegenleistung für die Grundstücksübereignung, den A als Erben einzusetzen. Allerdings haben A und O einen Kaufvertrag geschlossen und die Gegenleistung besteht in der Kaufpreiszahlung der O. Der zwischen A und O vereinbarte Kaufpreis war jedoch sehr günstig, weil das Kaufgeschäft Bestandteil eines Gesamtkonzepts der Parteien war, das unter anderem auch die Erbeinsetzung des A durch O umfasste.

Allerdings haben die Parteien die Erbeinsetzung des A nicht als vertraglich geschuldete Verpflichtung der O gegenüber A angesehen (a.A. vertretbar). Allenfalls könnte die Durchführung des Gesamtkonzepts (Errichtung der Villa, Beibehaltung Erbeinsetzung des A) Geschäftsgrundlage des Kaufvertrags oder Leistungszweck im Sinne des § 812 I 2 Alt. 2 BGB geworden sein, was gesondert zu prüfen ist. Ein Vertrag, bei dem die Errichtung einer Verfügung von Todes wegen nicht als Leistungspflicht vereinbart, sondern lediglich von den Parteien zur Geschäftsgrundlage des Vertrags gemacht wird, verstößt jedoch nicht gegen § 2302 BGB. Diese Norm möchte die Testierfreiheit des Erblassers schützen, die jedoch in einem solchen Fall nicht betroffen wird, weil der Erblasser weiterhin testieren kann, wie er möchte; er muss sich nur gefallen lassen, dass als Folge seines Testierens das Rechtsgeschäft an die geänderten Verhältnisse angepasst wird, § 313 BGB.

II. Geschäftsgrundlagenstörung

Außerdem müsste die Erbeinsetzung des A durch O tatsächlich Geschäftsgrundlage des Kaufvertrages geworden sein. Geschäftsgrundlage sind alle Umstände, die zwar nicht Vertragsinhalt geworden sind, von deren Vorliegen oder Eintreffen aber entweder beide Parteien übereinstimmend ausgegangen sind oder eine Partei ausgehen durfte und die andere Partei sich darauf einlassen musste. Vorliegend sind A und O davon ausgegangen, dass O den A zum Alleinerben einsetzen werde, ohne dass sie diesen Umstand zum Inhalt ihres Kaufvertrags gemacht hätten. Dieser Umstand kann damit Bestandteil der Geschäftsgrundlage geworden sein.

Vorliegend handelt es sich allerdings nicht um einen Umstand, von dessen Eintreffen beide Parteien ausgegangen sind, sondern um einen Umstand, über dessen Eintreten oder Nichteintreten O als Vertragspartei entscheiden konnte. Für A war das Risiko auch ohne Weiteres erkennbar, dass O möglicherweise anders testieren würde. Derartige voraussehbare Störungen begründen jedoch keine Rechte aus § 313 BGB, weil im Falle der Erkennbarkeit die Partei, zu deren Lasten diese Umstände eingetreten sind, das Risiko dafür übernommen hat, indem sie für den Fall des Eintritts veränderter Umstände keine vertragliche Regelung, etwa eine auflösende Bedingung, vereinbart hat.

III. Ergebnis

Damit hat A gegen O auch keinen Anspruch aus §§ 313, 346 I BGB auf Rückgewähr des Grundstücks.

C. Anspruch A gegen O aus § 812 I 1 Alt. 1 BGB

In Betracht kommen jedoch bereicherungsrechtliche Ansprüche, etwa aus Leistungskondiktion, § 812 I 1 Alt. 1 BGB. O hat Eigentum und (Mit-)Besitz an dem Grundstück erlangt. Diese Vermögensmehrung nahm A bewusst und zum Zweck der Verwirklichung des gemeinsamen Planes vor, hat also an O geleistet. Ein Rechtsgrund für diese Vermögensmehrung bei O würde fehlen, wenn die Abrede zwischen A und

O nichtig wäre. Die Nichtigkeit könnte sich aus § 2302 BGB ergeben, der jedoch vorliegend nicht einschlägig ist.

Ein Anspruch aus Leistungskondiktion scheidet deshalb aus.

D. Anspruch A gegen O aus § 812 I 2 Alt. 2 BGB

Möglicherweise ist aber der mit der Leistung bezweckte Erfolg nicht eingetreten, so dass A deshalb einen Bereicherungsanspruch gegen O hat, § 812 I 2 Alt. 2 BGB. Allerdings haben A und O mit dem Kaufvertrag einen gegenseitigen Vertrag geschlossen, der auch vollständig erfüllt wurde. Fraglich ist, ob in solchen Fällen trotzdem eine Zweckverfehlungskondiktion in Betracht kommen kann. Zum Teil wird gesagt, § 812 I 2 Alt. 2 BGB könne nur angewendet werden, wenn der Leistende gerade keinen schuldvertraglichen Anspruch auf die mit seiner Leistung bezweckte Gegenleistung hatte.

Eine andere Auffassung wendet in solchen Fällen § 812 I 2 Alt. 2 BGB trotzdem an und prüft, ob zwischen A und O eine Zweckvereinbarung vorliegt. Die Parteien müssten sich also zumindest stillschweigend über den Austausch Grundstück – Geld hinausgehenden Zweck verständigt haben. Hierfür genügt es, wenn der Empfänger die Erwartung des Leistenden kennt und durch die Annahme zu verstehen gibt, dass er die Zweckbestimmung billigt. O wusste, dass A davon ausging, das Grundstück nach ihrem Tod zu erben und zeigte sich mit dem Plan konkludent einverstanden. Nach dieser Auffassung besteht ein Anspruch auf Rückübereignung und Rückgabe des Grundstücks. Gegen diese Auffassung spricht jedoch, dass durch die Anwendung des § 812 I 2 Alt. 2 BGB auf sogenannte Sekundärzwecke die Wertungen des § 313 BGB ausgehebelt würden. Überdies ergibt sich auch aus der Gesetzgebungsgeschichte, dass die Zweckverfehlungskondiktion nur einen ganz engen Anwendungsbereich im Sinne der ersten Auffassung erhalten sollte. Ein Anspruch besteht deshalb nicht (a.A. vertretbar).

Folgt man der Auffassung, § 812 I 2 Alt. 2 BGB könne nur angewendet werden, wenn der Leistende gerade keinen schuldvertraglichen Anspruch auf die mit seiner Leistung bezweckte Gegenleistung hatte, so ist damit die Prüfung jedoch nicht beendet. A hat nämlich das Grundstück gerade deshalb so billig an O verkauft, weil er den – von O erkannten und gebilligten – Zweck verfolgte, zusätzlich eine weitere Gegenleistung, das Fortbestehen der Erbeinsetzung zu seinen Gunsten, zu erhalten, auf die er gerade keinen Anspruch hatte und wegen § 2302 BGB auch nie haben könnte. Dieser Zweck kann genauso wie eine entsprechende Geschäftsgrundlage (vgl. oben) im Lichte des § 2302 BGB Bestand haben. A hat also das Grundstück an O teilweise deshalb aufgelassen, weil er den Kaufvertrag erfüllen wollte, teilweise, um die Erbeinsetzung zu seinen Gunsten zu festigen. Es handelt sich also nicht um einen über den Austausch hinausgehenden Zweck, sondern gleichsam um eine Spaltung in Austausch und Zweck im engen Sinne des § 812 I 2 Alt. 2 BGB.

Damit kann A zwar nicht Eigentum und Besitz am Grundstück kondizieren, wohl aber nach § 818 II BGB 3/5 des Grundstückswerts herausverlangen (a.A. vertretbar).

Fall 4 *

Anne Aumiller (A), die eine Ausbildung bei der Sparkasse macht, befindet sich aufgrund ihres aufwendigen Lebensstils ständig in Finanzproblemen. Auf einer Party ihrer Freundin Constanze Cruellmann, die Rechtswissenschaften studiert, lernte sie deren Kommilitonen Tomy Korinthenberg (T) kennen. Tomy rühmte sich lautstark damit, weniger seine juristischen Studien, als vielmehr einen schwunghaften Handel mit Computern und Computerzubehör zu betreiben. Anne ergriff geistesgegenwärtig diese Gelegenheit und erzählte Tomy, sie habe über einen Bekannten, der bei einer Computerfirma arbeite, günstig zwei Flachbildschirme erworben, die sie nun tatsächlich nicht benötige. Diese Bildschirme stünden noch originalverpackt bei ihr zu Hause. Tomy erklärte sich daraufhin bereit, Anne die Bildschirme abzukaufen.

In Wirklichkeit stahl Anne Aumiller, die einen Schlüssel zu ihrer Sparkassenfiliale besaß, noch in der selben Nacht zwei originalverpackte Flachbildschirme aus einer Lieferung neuer Computerausstattung, die am Vortag in der Filiale eingegangen war. Die Sparkasse (S) hatte für die beiden Bildschirme einen Großeinkäuferpreis von insgesamt 400 € bezahlt. Tomy Korinthenberg kaufte Anne die Bildschirme am nächsten Tag für 400 € ab und verkaufte sie für insgesamt 500 € an Laufkundschaft weiter. Filialleiter Gerd Glaubitz kam sehr schnell hinter die ganze Geschichte. Er meldete die Vorgänge dem Vorstand der Sparkasse, der daraufhin die Geschäfte des Tomy Korinthenberg genehmigte und von ihm die erlösten 500 € herausverlangte. Nach einem Nachmittag intensiver Lektüre im juristischen Lesesaal kam Tomy dem Verlangen der Sparkasse nach und zahlte gegen Quittung 500 € an die Sparkasse.

Dabei wusste er allerdings nicht, dass Annes Eltern zur Vermeidung einer Strafanzeige inzwischen den Schaden von 400 € bei der Sparkasse beglichen hatten. Als Anne Aumiller ihm dies erzählte, beschloss Tomy Korinthenberg, die 500 € von der Sparkasse zurückzuverlangen. Er ist der Auffassung, dass die Sparkasse bei der ganzen Sache ein zu gutes Geschäft machen würde, wenn sie sowohl die 400 € von Annes Eltern, als auch die 500 € aus seiner (Tomys) eigenen Kasse behalten dürfte. Tomy begibt sich schließlich erneut in den Lesesaal und wälzt Kommentare, Lehrbücher und Rechtsprechungssammlungen, um herauszufinden, ob er die 500 € verlangen kann oder nicht.

Zu welchem Ergebnis sollte er bei seiner Lektüre kommen?

Bearbeitervermerk: Weil Tomy ein eher fauler Student ist, müssen auch Sie Ansprüche der Sparkasse gegen Anne nicht vollumfänglich prüfen, sondern nur erörtern, soweit dies für die Beantwortung von Tomys Frage unbedingt erforderlich ist.

Lösung

Anspruch T gegen S aus § 812 I 1 Alt 1 BGB (Leistungskondiktion)

T könnte gegen S einen Anspuch auf Zahlung von 500 € aus § 812 I 1 Alt. 1 BGB haben. Dazu müsste S etwas durch Leistung des T ohne Rechtsgrund erlangt haben.

I. Etwas erlangt durch Leistung

S hat Eigentum und Besitz an den Geldscheinen im Wert von 500 € erlangt. T hat Vermögen der S bewusst und mit dem Zweck der Tilgung seiner entsprechenden Verbindlichkeit gemehrt, also an S geleistet.

II. Ohne Rechtsgrund

Des Weiteren müsste S die Geldscheine ohne Rechtsgrund von T erlangt haben. Ein Rechtsgrund für die Zahlung wäre gegeben, wenn ein Anspruch der S gegen T bestanden hätte. Ein Rechtsgrund könnte sich allein daraus ergeben, dass S gegen T einen Anspruch aus § 816 I 1 BGB hatte, T also nach dieser Vorschrift zur Herausgabe des Veräußerungserlöses in Höhe von 500 € verpflichtet war. Schadensersatzansprüche nämlich würden sich lediglich auf 400 € belaufen können.

1. Anspruch S gegen T aus § 816 I 1 BGB

T hat über die Bildschirme verfügt, indem er sie an Dritte veräußerte und ihnen Eigentum nach § 929 BGB übertragen wollte. Zu dieser Verfügung dürfte T jedoch nicht berechtigt gewesen sein. Eine Berechtigung des T könnte sich aus seinem Eigentum ergeben, das A ihm übertragen haben könnte. A und T haben sich über den Eigentumsübergang geeinigt, § 929 S. 1 BGB, und A hat dem T die Bildschirme auch übergeben, § 929 S. 1 BGB. Allerdings war sie als Nichteigentümerin nicht zur Verfügung über die Bildschirme berechtigt. Zwar knüpfte sich an den Besitz der A der gute Glaube des T daran, dass A Eigentümerin der Bildschirme sei, § 932 BGB, jedoch hatte A die Bildschirme gestohlen, so dass ein gutgläubiger Erwerb des T ausscheidet, § 935 BGB. Somit konnte T seinerseits nicht als Berechtigter über die Bildschirme verfügen.

Schließlich muss die Verfügung dem Berechtigten S gegenüber wirksam sein. Die Übereignung von T an seine Kunden ist ebenso wie die Übereignung von A an T wegen § 935 BGB nicht wirksam. Jedoch kann der Berechtigte die Verfügungen des T nach §§ 185 II 1 Fall 1, 184 BGB genehmigen. Dadurch wird T zwar nicht Berechtigter, denn die Genehmigung bezieht sich nur auf die Rechtsfolgen. Jedoch werden die Verfügungen des nichtberechtigten T dadurch wirksam. Eine solche Genehmigung hat S vorliegend erteilt, so dass die Voraussetzungen eines Anspruchs aus § 816 I 1 BGB vorliegen.

Rechtsfolge ist ein Anspruch der S gegen T auf Herausgabe des Erlangten. Darunter ist nach gängiger Auffassung der Veräußerungserlös, vorliegend also 500 €, zu verstehen (a.A. vertretbar). Die an A gezahlten Erwerbskosten in Höhe von 400 € kann T nicht nach § 818 III BGB abziehen, denn hier handelt es sich nicht um den Wegfall einer Bereicherung, sondern um Aufwendungen für den Erwerb der Bereicherung.

2. Erlöschen des Anspruchs S gegen T

Allerdings könnte der Anspruch S gegen T aus § 816 I 1 BGB dadurch in Höhe von 400 € erloschen sein, dass die Eltern der A diesen Betrag an S gezahlt haben. Die Eltern haben nicht als Dritte auf die Schuld des T geleistet, §§ 362, 267 BGB, sondern wollten einen Anspruch der S gegen A tilgen. Jedoch könnten A und T Gesamtschuldner gewesen sein, so dass die Tilgung der Schuld der Gesamtschuldnerin A auch für T wirkt, § 422 I 1 BGB.

a) Anspruch S gegen A

Dazu wäre zunächst erforderlich, dass S gegen A überhaupt einen Anspruch in Höhe von 400 € hatte. Ein solcher Anspruch könnte sich bereits aus § 280 I BGB ergeben. Zwischen S und A bestand ein Schuldverhältnis in Form des Ausbildungsverhältnisses, § 611ff BGB. Durch den Diebstahl hat A die Pflicht verletzt, die Integritätsinteressen der S nicht zu beeinträchtigen. Diese Pflichtverletzung geschah vorsätzlich.

Durch ihre Pflichtverletzung müsste A schließlich einen Schaden der S verursacht haben. Daran könnte man zweifeln, hat doch S das Eigentum an den Bildschirmen erst dadurch verloren, dass T die Bildschirme veräußerte und S die Verfügungen des T dann anschließend genehmigte. Es kommt jedoch für den Schadenseintritt nicht auf den Eigentumsverlust bei S an, sondern ein Schaden wäre auch ohne Genehmigung der S dadurch eingetreten, dass die Bildschirme an unbekannte Laufkundschaft verkauft wurden, so dass der Anspruch der S aus § 985 BGB tatsächlich nicht durchsetzbar ist. Allein dadurch vermindert sich das Vermögen der S um 400 € im Vergleich zu dem Zustand, wie er ohne die Pflichtverletzung der A bestünde.

Allerdings könnte die Veräußerung durch T den Zusammenhang zwischen der Pflichtverletzung der A und dem Schadenseintritt bei S unterbrochen haben. Der Schaden entfiele zwar, dächte man die Pflichtverletzung der A hinweg. Jedoch könnte das Dazwischentreten des T den Zurechnungszusammenhang unterbrochen haben, weil eine neue Kausalreihe eröffnet wurde. Das ist jedoch nicht der Fall, wenn sich in diesem Dazwischentreten ein Risiko verwirklicht, das A mit ihrer Pflichtwidrigkeit geschaffen hat. Genau das ist vorliegend jedoch passiert: A hat Eigentum der S an einen Händler veräußert und damit genau die Gefahr geschaffen, dass dieser die Bildschirme an Dritte veräußert und auf diese Weise die Eigentumsposition der S entwertet wird. Damit ist bei S ein Schaden in Höhe von 400 € entstanden. Ein Anspruch aus §§ 611, 280 I BGB besteht somit.

Weitere Ansprüche etwa aus §§ 687 II, 683, 667 BGB, §§ 989, 990 BGB, §§ 992, 823 I BGB, §§ 992, 823 II BGB iVm § 242 StGB, § 826 BGB, § 816 I 1 BGB, § 812 I 1 Alt. 2 BGB waren nach Bearbeitervermerk nicht zu prüfen.

b) A und T als Gesamtschuldner

Ein Gesamtschuldverhältnis liegt vor, wenn eine entsprechende gesetzliche Anordnung besteht, wie etwa in § 840 BGB, der vorliegend jedoch nicht einschlägig ist, weil T nicht deliktisch gehandelt hat: Ein Schadensersatzanspruch der S gegen T in Höhe von 400 € aus § 823 I BGB scheitert nämlich am fehlenden Verschulden des T; somit haften A und T nicht beide aus unerlaubter Handlung. Die Vorschrift des § 421 BGB stellt hingegen keine Voraussetzungen auf, sondern setzt das Vorliegen einer Gesamtschuld voraus. Die gesetzlich geregelten Fälle sind jedoch nicht abschließend.

Nach gängiger Auffassung ist für das Vorliegen einer Gesamtschuld erforderlich, dass die Forderungen der S gegen A und T zur Befriedigung des gleichen Gläubigerinteresses bei S dienen. Soweit sich die Forderungen decken, also in Höhe von 400 €, sollen beide den Verlust der Bildschirme bei S ausgleichen. Auch die zweite Voraussetzung einer Gesamtschuld ist erfüllt, denn A und T schulden jeweils die gesamte Summe, sind also nicht nur Teilschuldner. Schließlich müsste zwischen beiden Verbindlichkeiten Gleichstufigkeit bestehen. Das ist dann der Fall, wenn nicht nur eine einseitige Rückgriffsmöglichkeit besteht, wie das etwa im Verhältnis eines Schädigers und seiner Versicherung der Fall ist; dort kann zwar der an den Geschädigten zahlende Versicherte bei der Versicherung Rückgriff nehmen, nicht aber die zahlende Versicherung beim Versicherer. Vorliegend besteht eine derartige Einseitigkeit nicht. Somit sind A und T Gesamtschuldner und T wurde durch die Zahlung der Eltern der A von seiner Verbindlichkeit in Höhe von 400 € befreit.

III. Ergebnis

Somit bestand ein Anspruch S gegen T aus § 816 I 1 BGB nur noch in Höhe von 100 € und es besteht auch nur in dieser Höhe ein Rechtsgrund für das Behaltendürfen der Leistung des T durch S. In Höhe von 400 € besteht kein Rechtsgrund und T kann einen Anspruch aus Leistungskondiktion auf Zahlung von 400 €, § 818 II BGB, geltend machen.

Fall 5 **

Im April 2006 mietete Maurer (M) von Volkert (V) eine Dreizimmerwohnung in Konstanz für 1000 € pro Monat. Ab August 2006 vermietete er ein Zimmer für 400 € pro Monat an den Studenten Unruh (U) unter, der das Geld stets pünktlich überwies. Nachdem U im Juli 2008 wieder aus dem Zimmer ausgezogen war, erfuhr V zufällig davon, dass U fast zwei Jahre in der Wohnung gewohnt hatte. V verlangt nun von M Zahlung der 7600 €, die dieser von U als Mietzins vereinnahmt hat. Zu Recht?

Lösung

A. Anspruch des V gegen M aus Mietvertrag

Ein Anspruch des V auf Zahlung der vereinnahmten 7600 € gegen M könnte sich aus dem Mietvertrag ergeben. Jedoch findet sich eine Klausel, die den Mieter zur Weitergabe des Untermietzinses an den Vermieter verpflichtet, nicht im Mietvertrag. Eine ergänzende Vertragsauslegung scheidet aus, da keineswegs sicher ist, dass die Parteien, wenn sie über diesen Punkt verhandelt hätten, zu einer derartigen Lösung gekommen wären.

B. Anspruch des V gegen M aus § 280 I BGB

Ein Schuldverhältnis zwischen V und M besteht in Form des Mietvertrags. M hat auch eine Pflicht aus diesem Mietvertrag verletzt, weil die Untervermietung der Erlaubnis des Vermieters bedarf, die M jedoch nicht eingeholt hat, §§ 540, 553 BGB. Ein Vertretenmüssen des M wird vermutet, § 280 I 2 BGB.

Fraglich ist jedoch, ob V einen Schaden erlitten hat. Schaden ist jedes unfreiwillige Vermögensopfer. V müsste also, wenn man die Pflichtverletzung hinweg denkt, wirtschaftlich besser stehen, als er jetzt tatsächlich steht. V hat die Wohnung bereits an M vermietet und unabhängig von der Pflichtverletzung des M regelmäßige Mietzahlungen erhalten. Er selbst hätte die Wohnung auch nicht an U untervermieten können, weil er sie bereits an M vermietet hatte. Darüber hinaus wäre, wenn V das Zimmer selbst an U vermietet hätte M wohl kaum bereit gewesen die volle Miete zu bezahlen. Zu anderen Schäden etwa durch übermäßige Abnutzung der Wohnung ist nichts ersichtlich.

Daher liegt kein Schaden vor und ein Anspruch aus § 280 I BGB scheidet aus.

C. Anspruch aus §§ 987, 990 BGB

Möglicherweise kann V jedoch Nutzungsersatz von M aus §§ 987, 990 BGB fordern. Dazu müsste im Zeitraum der Nutzungsziehung eine Vindikationslage vorgelegen haben. Auch wenn V Eigentümer der Wohnung war, was aus dem Sachverhalt nicht eindeutig ersichtlich ist, und M ihr Besitzer, so hatte M jedoch ein Recht zum Besitz der Wohnung aus dem Mietvertrag zwischen V und M.

Allerdings war M nicht berechtigt, die Wohnung in der Weise zu besitzen, dass er den Besitz teilweise in Form der Untermiete an einen Dritten weitergibt, vgl. oben; er war also „nicht so berechtigter Besitzer". Damit läge insoweit eine Vindikationslage vor. Die Figur des „nicht so berechtigten Besitzers" ist jedoch abzulehnen, da das Besitzrecht nicht aufgespaltet werden kann. Der Besitzer ist entweder zum Besitz berechtigt oder nicht. Das dem Besitzrecht zugrunde liegende Rechtsverhältnis, hier der Mietvertrag, regelt Pflichtverletzungen, die in einem Überschreiten des Besitzrechts bestehen.

Ein Anspruch aus §§ 987, 990 BGB bei unberechtigter Untervermietung scheidet deshalb aus (a.A. vertretbar).

D. Anspruch aus §§ 687 II 1, 681 II, 667 BGB

Ein Anspruch auf Herausgabe des erlösten Untermietzinses könnte sich jedoch aus angemaßter Eigengeschäftsführung ergeben, §§ 687 II 1, 681 II, 667 BGB. Geschäftsherr wäre hier V, Geschäftsführer M. Voraussetzung ist, dass M ein fremdes Geschäft bewusst als eigenes geführt hat. Die Vermietung ist Geschäftsführung, fraglich ist allerdings, ob es sich um ein fremdes Geschäft handelt. Möglicherweise ist das Geschäft zumindest „auch fremd“, handelte es sich doch um die Wohnung des V, auch wenn V sie bereits vermietet hatte. Mit der erstmaligen Vermietung und Überlassung der Wohnung an M hat V die Möglichkeit der Vermietung jedoch vollständig verloren. Die Vermietung ist damit nicht mehr in seinem Rechtskreis angesiedelt, so dass M bereits kein fremdes Geschäft geführt hat (a.A. vertretbar).

E. Anspruch aus § 823 I BGB

In Betracht kommt jedoch ein deliktischer Anspruch des V gegen M aus § 823 I BGB. Dazu müsste M ein in § 823 I BGB geschütztes Rechtsgut verletzt haben. In Betracht kommt vorliegend das Eigentum des V an der Mietwohnung. Zu Substanzverletzungen ist nichts ersichtlich. Eine Nutzungsbeeinträchtigung ist ebenfalls nicht erfolgt, hat doch V kein Recht zur Benutzung der Wohnung mehr, solange er sie vermietet. Überdies fehlt es auch an einem Schaden, vgl. oben.

Ein Anspruch aus § 823 I BGB scheidet deshalb ebenfalls aus.

F. Anspruch aus § 816 I 1 BGB

Aus dem Bereicherungsrecht kommt zunächst ein Anspruch aus § 816 I 1 BGB in Betracht. Dazu müsste M als Nichtberechtigter über die Wohnung verfügt haben. Verfügung ist jede Begründung, Aufhebung, Übertragung oder sonstige Veränderungen eines Rechts an einer Sache. Nach diesem Maßstab ist die Untervermietung einer Wohnung keine Verfügung über die im Eigentum des V stehende Wohnung. Allenfalls wird ein neues Recht des U begründet und insofern liegt eine Verfügung vor, jedoch nicht über das Eigentumsrecht des V.

Zum Teil wird eine analoge Anwendung des § 816 I 1 BGB vorgeschlagen. Allerdings hätte dies zur Folge, dass der Vermieter neben dem vereinbarten Mietzins auch den Untermietzins erhielte, ohne dass er, anders als in den in § 816 I 1 BGB geregelten Fällen, eine Einbuße erleiden würde.

Deshalb kommt eine Analogie nicht in Betracht und ein Anspruch aus § 816 I 1 BGB scheidet aus (a.A. vertretbar).

G. Anspruch aus § 812 I 1 Alt. 2 BGB (Nichtleistungskondiktion)

Schließlich ist ein Anspruch aus § 812 I 1 Alt. 2 BGB (Nichtleistungskondiktion) zu prüfen. M hat durch die Überweisungen des U einen Auszahlungsanspruch gegen sein kontoführendes Bankinstitut von insgesamt 7600 € erlangt. Fraglich ist jedoch, ob M diesen Anspruch durch Eingriff in den Zuweisungsgehalt eines Rechts des V erlangt hat. Durch die Vermietung an M hat sich V des Rechts zur Vermietung begeben. Er selbst kann die Wohnung nämlich insgesamt nur einmal vermieten. Untervermieten kann nicht V, sondern allenfalls M die Wohnung.

V hat daher keinen Anspruch gegen M aus Nichtleistungskondiktion.

H. Ergebnis

Ansprüche des V gegen M auf Zahlung von 7600 € bestehen mithin nicht.

Fall 6 **

Beiss (B), der in Stuttgart wohnt, wollte ein Wochenende in Konstanz verbringen, um sich Stadt und Uni anzusehen. Daher fuhr er mit seinem Auto, das ihm sein Vater, auf den das Fahrzeug auch zugelassen ist, zum Abitur geschenkt hat, nach Meersburg, um dann mit der Fähre überzusetzen. Nach langer Wartezeit kam Beiss endlich auf die Fähre. Da es auf dem Bodensee windig war, warf der See Wellen. Dadurch kam die Fähre etwas ins Schaukeln und das Auto des B prallte gegen das vor ihm stehende Auto des Kutz (K). Dabei kam das Auto des Kutz ebenfalls in Bewegung und beschädigte die Fähre erheblich. Am Auto des Kutz entstand ein Schaden in Höhe von 30 000 €. Die Fähre „Tabor" der Konstanzer Stadtwerke (S) musste für 570 000 € repariert werden.

Welche Ansprüche haben K und S gegen B?

Lösung

A. Ansprüche K gegen B

I. Anspruch aus § 823 I BGB

1. Rechtsgutverletzung

K könnte gegen B einen Anspruch aus § 823 I BGB haben. Dazu müsste zunächst ein Rechtsgut des K verletzt worden sein. Hier wurde das Eigentum des K an seinem Auto in seiner Substanz verletzt. Eine Rechtsgutsverletzung liegt damit vor.

2. Verletzungshandlung

Diese Verletzung müsste auf einer Verletzungshandlung des B beruhen, es müsste also eine vom Willen des B getragene Handlung vorliegen. Hier hat B nicht gehandelt, sondern saß lediglich hinter dem Steuer seines PKW; es ist auch nicht ersichtlich, dass er ein gebotenes Handeln wie das Anziehen der Handbremse unterlassen hätte. Als Anknüpfungspunkt kommt jedoch das Abstellen des Autos auf der Fähre in Frage. Diese Handlung war zweifelsfrei vom Willen des B getragen.

3. Haftungsbegründende Kausalität

Diese Handlung war äquivalent kausal für die Rechtsgutverletzung: Hätte B das Auto dort nicht abstellt, wäre es nicht auf das Auto des K getroffen und hätte dieses nicht beschädigt. Dass sich ein Fahrzeug nach dem Abstellen beim Einwirken einer Kraft von außen bewegt, liegt auch nicht außerhalb aller Lebenswahrscheinlichkeit. Die Rechtsgutverletzung ist damit auch adäquat kausal verursacht worden.

4. Rechtswidrigkeit und Verschulden

Die Rechtswidrigkeit wird durch die Rechtsgutverletzung indiziert. Allerdings liegt kein Verschulden des B vor, denn er handelte durch das Abstellen seines PKW auf der Fähre weder vorsätzlich noch fahrlässig, also sorgfaltswidrig, im Hinblick auf eine Verletzung des Eigentums des K.

5. Ergebnis

Damit hat K keinen Anspruch aus § 823 I BGB gegen B.

II. Anspruch aus § 7 I StVG

K könnte jedoch einen Anspruch aus Gefährdungshaftung, § 7 I StVG, haben.

1. Kraftfahrzeug

Zunächst müsste es sich beim Auto des B um ein Kraftfahrzeug im Sinne des § 1 II StVG handeln. Ein Auto ist ein Landfahrzeug, das durch Maschinenkraft bewegt wird und dabei nicht an Schienen gebunden ist. Damit ist das Auto ein Kraftfahrzeug.

2. Haltereigenschaft des B

Die Haftung des § 7 I StVG trifft nur den Halter des Kraftfahrzeugs. Halter ist, wer die tatsächliche Verfügungsgewalt für eigene Rechnung über das Fahrzeug nicht nur vorrübergehend innehat. Die Verfügungsgewalt hat inne, wer Zeit, Ort und Anlass der Fahrt selbst bestimmen kann. Auf wen das Fahrzeug zugelassen oder versichert ist oder wer Eigentümer ist, spielt hingegen keine Rolle. Laut Sachverhalt handelte es sich um das Auto des B, hatte sein Vater ihm das Auto doch geschenkt. Es ist daher davon auszugehen, dass er die Verfügungsgewalt über den Wagen inne hat. Daher ist er auch Halter des Kraftfahrzeugs.

3. Rechtsgutverletzung beim Betrieb des Kraftfahrzeugs

Wie oben geprüft, wurde das Eigentum des K verletzt. Diese Verletzung müsste beim Betrieb des Kraftfahrzeugs des B erfolgt sein, § 7 I StVG. Zum Teil wird davon ausgegangen, ein Kraftfahrzeug sei nur in Betrieb, wenn der Motor läuft. Nach dieser Auffassung wäre das Auto des B nicht in Betrieb gewesen. Die Gegenauffassung nimmt einen Betrieb des Kraftfahrzeugs immer dann an, wenn sich eine Gefahr realisiert, die mit dem Fahrzeug als Verkehrsmittel verbunden ist, also solange es sich im Verkehr befindet und andere Verkehrsteilnehmer gefährdet. Hier parkte das Fahrzeug des B auf einer Autofähre. Das Parken als „ruhender Verkehr" ist nach der letztgenannten Auffassung Betrieb, weil es mit der Funktion als Verkehrsmittel verbunden ist. Diese Auffassung erscheint vorzugswürdig, weil sie im Sinne der Gefährdungshaftung gerade auf die Frage abstellt, ob eine spezifische Gefahr von dem Kraftfahrzeug ausgegangen ist.

Die Rechtsgutverletzung müsste schließlich „beim" Betrieb, also kausal durch den Betrieb des Kraftfahrzeugs, verursacht worden sein. Hätte B sein Fahrzeug nicht auf der Fähre abgestellt, wäre das Fahrzeug des K nicht beschädigt worden. Dass sich ein Fahrzeug nach dem Abstellen beim Einwirken einer Kraft von außen bewegt, liegt auch nicht außerhalb aller Lebenswahrscheinlichkeit. Die Rechtsgutverletzung ist damit auch adäquat kausal verursacht worden.

4. Haftungsausschluss

Die Haftung des B könnte jedoch aufgrund höherer Gewalt ausgeschlossen sein, § 7 II StVG. Höhere Gewalt liegt vor, wenn ein betriebsfremdes, von außen durch elementare Naturkräfte oder durch Handlungen dritter Personen herbeigeführtes Ereignis eintritt, das nach menschlicher Einsicht und Erfahrung unvorhersehbar ist, mit wirtschaftlich erträglichen Mitteln auch durch äußerste Sorgfalt nicht verhütet oder unschädlich gemacht werden kann und auch nicht wegen seiner Häufigkeit in Kauf zu nehmen ist.

Die Wellen des Bodensees brachten die Fähre zum Schwanken und dadurch das Auto des B in Bewegung. Es lag also eine Einwirkung von außen vor. Jedoch war dieses Ereignis nicht außergewöhnlich und unabwendbar. Dass der Bodensee Wellen wirft, die eine Fähre in Schwingungen versetzen, ist nichts ungewöhnliches.

Damit kann sich B nicht auf den Haftungsausschluss aus § 7 II StVG berufen.

5. Anwendung des § 17 II StVG

Vorliegend waren an dem Schadensereignis mehrere Kraftfahrzeuge beteiligt, so dass auch im Verhältnis der Fahrzeughalter zueinander, § 17 II StVG, die Regelung des § 17 I StVG gilt und im Verhältnis der Fahrzeughalter zueinander die Verpflichtung zum Ersatz sowie der Umfang des zu leistenden Ersatzes von den Umständen, insbesondere davon abhängt, inwieweit der Schaden vorwiegend von dem einen oder dem anderen Teil verursacht worden ist.

Allerdings ist § 17 I, II StVG nicht anwendbar, wenn der Unfall durch ein unabwendbares Ereignis verursacht wird, das weder auf einem Fehler in der Beschaffenheit des Fahrzeugs noch auf einem Versagen seiner Vorrichtungen beruht. Als unabwendbar gilt ein Ereignis nur dann, wenn sowohl Halter als auch Führer des Fahrzeugs die äußerste Sorgfalt beachtet haben, § 17 III StVG. Der Schadenseintritt bei K muss also bei sachgemäßem, geistesgegenwärtigem Handeln unvermeidbar gewesen sein. Vorliegend konnte K nichts tun, um den Schaden an seinem Fahrzeug abzuwenden; somit ist § 17 I, II StVG nicht anwendbar.

6. Ergebnis

K steht damit ein Schadensersatzanspruch aus § 7 I StVG gegen B zu. Da dieser jedoch in der Summe pro Unfall nach § 12 I Nr. 3, II StVG auf 300 000 € begrenzt ist, muss für die endgültige Bezifferung des Anspruchs zunächst geprüft werden, ob S ebenfalls ein Anspruch gegen B zusteht.

III. Anspruch aus § 18 StVG

Mangels Verschulden des B, vgl. oben, scheidet eine Haftung des B als Fahrer nach § 18 I 1 StVG aus, § 18 I 2 StVG.

B. Ansprüche S gegen B

I. Anspruch aus § 823 I BGB

Ein Anspruch aus § 823 I BGB der S gegen B scheitert, genau wie der Anspruch des K, am fehlenden Verschulden des B.

II. Anspruch aus § 7 I StVG

Wie oben geprüft, befand sich das Kraftfahrzeug, dessen Halter B ist, auf der Fähre in Betrieb. Außerdem ist eine Eigentumsverletzung in Form einer Substanzverletzung an der Fähre der S eingetreten. Dieser Schaden wurde äquivalent kausal durch den Betrieb des Fahrzeugs des B verursacht: Hätte er es nicht auf der Fähre geparkt, wäre sein Fahrzeug nicht gegen das Fahrzeug des K geprallt und dieses hätte wiederum nicht die Fähre beschädigt. Dass eine Beschädigung dadurch eintritt, dass ein Fahrzeug ein anderes Fahrzeug in Bewegung versetzt, liegt auch nicht außerhalb der Lebenserfahrung. Höhere Gewalt, die den Anspruch der S ausschließen könnte, liegt, wie geprüft, nicht vor, § 7 II StVG.

Eine mögliche Mitverursachung durch K würde nicht zu einer Kürzung des Anspruchs der S gegen B führen, denn B und K würden insoweit als Gesamtschuldner haften. Eine Gefährdungshaftung der S, die nach § 17 II StVG zu berücksichtigen wäre, liegt nicht vor, da eine Fähre kein Landfahrzeug im Sinne des § 1 II StVG ist. Ein Anspruch der S gegen K aus § 7 II StVG besteht daher. Da dieser jedoch in der Summe pro Unfall nach § 12 I Nr. 3, II StVG auf 300 000 € begrenzt ist, muss für die endgültige Bezifferung des Anspruchs auch der Anspruch des K berücksichtigt werden.

III. Anspruch aus § 18 StVG

Ein Verschulden des B liegt nicht vor, so dass B als Fahrer nicht nach § 18 I 1 StVG haftet, § 18 I 2 StVG.

C. Berechnung der Anspruchshöhe

Aufgrund der Höchstbeträge des § 12 I Nr. 3, II StVG steht S und K als Geschädigten ein Schadensersatzanspruch von 300 000 € zu. Dem Schaden von 600 000 € steht also eine Zahlungsverpflichtung des B in Höhe von lediglich 300 000 € gegenüber, so dass jeder Geschädigte lediglich eine Quote von 50 % erhält.

S hat also einen Anspruch in Höhe von 285 000 € gegen B aus §§ 7 I, 12 I Nr. 3, II StVG und K einen Anspruch in Höhe von 15 000 € ebenfalls aus §§ 7 I, 12 I Nr. 3, II StVG.

Fall 7 ***

Ermannshofer (E) begab sich ins Kaufhaus „Kaufstadt", um dort einen Fernseher zu erwerben. Nach langem Testen entschied er sich für ein Luxusmodell der Marke „Tiger" und stellte schließlich zur Bezahlung einen Scheck über 3500 € aus und übergab ihn der Kassiererin Kleinbier (K).

Variante 1: An dem ausgefüllten Scheck klebte – was der unaufmerksame E nicht bemerkte – ein weiteres, unausgefülltes Formular. K bemerkte das zweite Formular wenig später, füllte es zu einem Betrag von 5000 € aus und konnte nach einigem Üben auch die Unterschrift des E hervorragend nachahmen.

Variante 2: Als E mit K einen Liefertermin vereinbarte, rempelte ihn der Angestellte Angersepp (A) an, so dass E alle Unterlagen herunterfielen. Wie von Anfang an geplant, nutze A blitzschnell diesen Moment um einen weiteren Scheckvordruck aus dem Scheckbuch zu stehlen. A füllte das gestohlene Formular zu einem Betrag von 5000 € aus und unterschrieb es mit einem kühnen Namenszug, der mit der Unterschrift des E nichts zu tun hat.

Variante 3: Als E mit K den Liefertermin vereinbarte und dabei sein Scheckheft offen auf der Theke liegen ließ und sich einige Schritte entfernte, gelang es dem Angestellten A, ein Scheckformular zu stehlen. Dieses unterschrieb er anlässlich des Kaufs einer Stereoanlage für 5000 € im Maxi-Markt (M) mit einem kühnen Namenszug.

Bei Vorlage zahlte die Sparkasse (S), bei der E sein Girokonto unterhielt, 5000 € aus. Kurze Zeit später holte E seine Kontoauszüge aus dem Auszugdrucker und bemerkte die Belastung seines Kontos. Empört ging er zum Schalter und verlangte von der Angestellten Holzer (H), die Buchungen rückgängig zu machen. Diese hingegen ist der Auffassung, S habe das Girokonto des E letztlich zu Recht belastet, weil S ein Anspruch in dieser Höhe gegen E zustehe. Hat H Recht?

Hinweis: Deliktsrechtliche Ansprüche sollen außer Betracht bleiben.

Lösung

Variante 1: Anspruch S gegen E aus §§ 675 I, 280 I, 241 II BGB

S könnte gegen E einen Anspruch in Höhe von 5000 € aus §§ 675 I, 280 I, 241 II BGB wegen fehlender Sorgfalt im Umgang mit den Scheckvordrucken haben.

I. Anspruchsvoraussetzungen

Zwischen S und E besteht ein Girovertrag, § 676f BGB, mit Möglichkeit Schecks auszustellen. Aus diesem Vertrag ergibt sich die Nebenpflicht des Kontoinhabers zum sorgfältigen Umgang mit den Scheckvordrucken. Diese Pflicht hat E verletzt, indem er zusammen mit dem ausgefüllten Scheck einen weiteren Scheckvordruck an K übergeben hat. Das Verschulden des E ist nach § 280 I 2 BGB zu vermuten; E, der unaufmerksam war, kann sich nicht exkulpieren.

II. Rechtsfolge

1. Schaden

S kann damit von E Schadensersatz verlangen. Zu prüfen ist zunächst, ob S überhaupt einen Schaden erlitten hat. Das wäre dann der Fall, wenn sich ihre Vermögenslage ohne die Pflichtverletzung besser darstellen würde, als sie sich tatsächlich darstellt. Bei einem Scheck handelt es sich um eine Zahlungsanweisung, die eine Doppelermächtigung im Sinne von § 783 BGB darstellt. Damit ermächtigt der Aussteller seine Bank, zu Lasten seines Kontos an den Scheckinhaber den entsprechenden Betrag auszuzahlen, sowie den Scheckinhaber, die Leistung für sich in Empfang zu nehmen. Vorliegend hat S ohne derartige Ermächtigung gehandelt und kann deshalb nicht nach §§ 675 I, 670 BGB Rückgriff bei E durch Belastung dessen Girokontos nehmen. Hätte E pflichtgemäß gehandelt, hätte S diese Vermögenseinbuße nicht erlitten. Dieser Schaden beruht auch auf der Pflichtverletzung des E (haftungsausfüllende Kausalität).

2. Mitverschulden

Möglicherweise muss sich S aber ein Mitverschulden anrechnen lassen, § 254 I BGB Grundsätzlich trägt die kontoführende Bank das Fälschungsrisiko bei Schecks; etwas anderes gilt, wenn sie sorgfältig handelt und die Unterschrift auf dem Scheck mit der hinterlegten Originalprobe vergleicht. Vorliegend hat K die Unterschrift hervorragend gefälscht, so dass davon ausgegangen werden kann, dass S ihrer Verpflichtung in ausreichendem Maß nachgekommen ist oder jedenfalls auch dann, wenn sie einen Vergleich angestellt hätte, nicht misstrauisch hätte werden müssen. Damit liegt kein Mitverschulden der S vor.

3. Entfallen des Schadens

Möglicherweise entfällt der Schaden der S jedoch, wenn sie die Möglichkeit zum Regress bei K hat und diesen Anspruch auch durchsetzen kann. In Betracht kommt ein Anspruch S gegen K aus § 812 I 1 Alt. 1 BGB (Leistungskondiktion). K hat Eigentum und Besitz an Banknoten im Wert von 5000 € erlangt. Diese Positionen müsste K durch Leistung der S erlangt haben. Leistung ist die bewusste, zweckgerichtete Mehrung fremden Vermögens, wobei sich die Person des Leistenden nach dem Empfängerhorizont bestimmt. Bei einer wirksamen Zahlungsanweisung des E würde Auszahlung des Betrages an K eine Leistung im Deckungsverhältnis von S an E darstellen. Gleichzeitig bestünde eine Leistungsbeziehung im Valutaverhältnis von E an K. Zwischen S und K bestünde hingegen lediglich ein rein tatsächliches Zuwendungsverhältnis. Vorliegend hat K jedoch den Scheck gefälscht und kann nicht davon ausgehen, dass die Auszahlung des Geldes durch S eine Leistung des E darstellt. Fraglich ist, ob K die Auszahlung für eine Leistung der S halten konnte. K wusste, dass S ihr gegenüber nicht zur Auszahlung verpflichtet war und nur täuschungsbedingt auszahlte. Deshalb kann K auch nicht von einer Leistung der S ausgehen.

In Betracht kommt jedoch ein Anspruch aus § 812 I 1 Alt. 2 BGB (Nichtleistungskondiktion). K hat etwas auf sonstige Weise, also nicht durch Leistung, erlangt, vgl. soeben. Dies geschah auf Kosten der S, der Eigentum und Besitz an den Geldscheinen von der Rechtsordnung zugewiesen ist, während K durch die Vorlage des gefälschten Schecks gerade in diesen Zuweisungsgehalt eingegriffen und S zur Aufgabe dieser ihr zugewiesenen Positionen bewegt hat. Dies geschah ohne Rechtsgrund. Damit kann S von K das Erlangte kondizieren. Sollten die Geldscheine nicht mehr bei K vorhanden sein, so kann S Wertersatz, § 818 II BGB, in Form einer Zahlung in Höhe von 5000 € verlangen.

III. Ergebnis

Soweit S diesen Anspruch durchsetzen kann, entfällt ihr Schaden und damit auch ihr Anspruch aus §§ 675 I, 280 I, 241 II BGB gegen E.

Variante 2: Anspruch S gegen E aus §§ 675 I, 280 I, 241 II BGB

S könnte gegen E einen Anspruch in Höhe von 5000 € aus §§ 675 I, 280 I, 241 II BGB wegen fehlender Sorgfalt im Umgang mit den Scheckvordrucken haben.

I. Anspruchsvoraussetzungen

Zwischen S und E besteht ein Girovertrag, § 676f BGB, mit der Möglichkeit Schecks auszustellen. Aus diesem Vertrag ergibt sich die Nebenpflicht des Kontoinhabers zum sorgfältigen Umgang mit den Scheckvordrucken. Diese Pflicht hat E aber nicht verletzt; vielmehr ist er Opfer eines Trickdiebstahls geworden (a.A. vertretbar, dann kann E aber die Vermutung des § 280 I 2 BGB widerlegen).

II. Ergebnis

Ein Anspruch scheidet damit aus.

Variante 3: Anspruch S gegen E aus §§ 675 I, 280 I, 241 II BGB

S könnte gegen E einen Anspruch in Höhe von 5000 € aus §§ 675 I, 280 I, 241 II BGB wegen fehlender Sorgfalt im Umgang mit den Scheckvordrucken haben.

I. Anspruchsvoraussetzungen

Zwischen S und E besteht ein Girovertrag, § 676f BGB, mit Möglichkeit Schecks auszustellen. Aus diesem Vertrag ergibt sich die Nebenpflicht des Kontoinhabers zum sorgfältigen Umgang mit den Scheckvordrucken. Diese Pflicht hat E verletzt, indem er sein Scheckheft an der Kasse liegen ließ und einige Schritte zurücktrat. Das Verschulden des E ist nach § 280 I 2 BGB zu vermuten.

II. Rechtsfolge

1. Schaden

S kann damit von E Schadensersatz verlangen; zum Schadensumfang vgl. zunächst oben bei Variante 1.

2. Mitverschulden

Möglicherweise muss sich S aber ein Mitverschulden anrechnen lassen, § 254 I BGB. Grundsätzlich trägt die kontoführende Bank das Fälschungsrisiko bei Schecks; etwas anderes gilt, wenn sie sorgfältig handelt und die Unterschrift auf dem Scheck mit der hinterlegten Originalprobe vergleicht. Vorliegend hat A eine Unterschrift auf dem Scheck angebracht, die nichts mit der Unterschrift des E zu tun hatte. Der Pflicht zum Vergleich der Unterschriften ist S vorliegend also offensichtlich nicht nachgekommen. S ist damit ein erhebliches Mitverschulden anzulasten und ihr Anspruch um 2/3 zu kürzen (andere Quoten vertretbar).

3. Entfallen des Schadens

Möglicherweise entfällt der Schaden der S jedoch, wenn sie die Möglichkeit zum Regress bei M hat und diesen Anspruch auch durchsetzen kann. In Betracht kommt ein Anspruch S gegen M aus § 812 I 1 Alt. 2 BGB (Nichtleistungskondiktion).

M hat Eigentum und Besitz an Banknoten im Wert von 5000 € erlangt. Diese Positionen müsste M auf sonstige Weise, also nicht durch Leistung erlangt haben. S hat vorliegend nicht an M geleistet. Allerdings könnte die Nichtleistungskondiktion deswegen ausgeschlossen sein, weil eine Leistungsbeziehung zwischen E und M vorliegt. Bei einer wirksamen Anweisung bestünde zwischen S und E das Deckungsverhältnis, zwischen E und M das Valutaverhältnis und zwischen S und M das rein tatsächliche Zuwendungsverhältnis.

Vorliegend beseht aber keine wirksame Anweisung, weil der Scheck nicht von E ausgefüllt, sondern von A gefälscht wurde. Deshalb kommt möglicherweise doch eine Nichtleistungskondiktion im Verhältnis S – M in Betracht. Allerdings konnte M das Fehlen einer Anweisung des E nicht erkennen und glaubte deshalb an eine Leistung des E. Diese Erwartung beruht auf dem durch den Scheck erzeugten Rechtsschein, dass E die vermeintliche Leistung an M veranlasst habe. Fraglich ist, ob E sich diesen Rechtsschein zurechnen lassen muss. Wenn nein, dann scheidet er gleichsam aus dem bereicherungsrechtlichen Dreieck aus und es besteht nur noch ein Zweipersonenverhältnis zwischen S und M, in dem dann die Rückabwicklung zu erfolgen hat. Wenn ja, kommt eine Kondiktion im Verhältnis S – M hingegen nicht in Betracht. Vorliegend hat E fahrlässig den Diebstahl des Scheckformulars ermöglicht und muss sich davon ausgehende Rechtsscheinswirkungen deshalb zurechnen lassen.

Damit scheidet ein Anspruch S gegen M aus § 812 I 1 Alt. 2 BGB und der Schaden der S entfällt nicht.

III. Ergebnis

Damit besteht ein Anspruch der S gegen E aus §§ 675 I, 280 I, 241 II BGB in Höhe von 1666,67 €.

Fall 8 **

Michael (M) kaufte bei Xaver (X) eine Heimkino-Anlage, die neben einem großen Plasmabildschirm unter anderem sechs Lautsprecher umfasst, die bei fachmännischer Installation einen Surroundklang erzeugen. Ein Installateur des X, Immanuel (I), lieferte die Anlage in die Mietswohnung des M und baute sie dort auf. Bei einer der zur Befestigung notwendigen Bohrungen traf I aus mangelnder Sorgfalt die in der Wand verlaufende Hauptstromleitung und verursachte einen Stromausfall im gesamten Haus. Der Eigentümer und Vermieter des Hauses, Volker (V), bemühte sich sofort um einen Elektriker. Dieser traf nach etwa zwei Stunden ein, nach weiteren drei Stunden war der Schaden behoben.

Frage 1: V legte dem M die Rechnung des Elektrikers in Höhe von 400 € vor. M möchte deshalb wissen, ob er den Betrag von X oder I ersetzt verlangen kann, wenn er

a) V bereits den Betrag ersetzt hat.
b) noch nicht an V gezahlt hat.

Frage 2: Die Nachbarin Nicoletta (N) aus der Wohnung neben M, eine ältere Dame, züchtet als Hobby eine seltene Orchideensorte. Während des Vorfalls war N im Urlaub. Zum Schutz vor Einbrechern hat sie die Rolläden vor Terrassentür und Fenstern heruntergelassen. Ihre Orchideen werden von einer speziellen Tageslicht-Glühbirne beleuchtet. Infolge des Stromausfalls ging die Lampe aus und schaltete sich nicht automatisch wieder ein. Als N zwei Wochen später zurückkehrte, waren ihre Orchideen im Wert von 200 € eingegangen. M entschuldigte sich vielmals und bezahlte N sofort die 200 €. Er möchte wissen, ob er auch diesen Betrag von X oder I ersetzt bekommt.

Frage 3: Im Erdgeschoß des Hauses befindet sich der Copy-Shop des Carsten (C). Infolge des Stromausfalls konnte C fünf Stunden lang seine Geräte nicht nutzen und erlitt somit einen Gewinnausfall von 70 €. Kann er diesen Betrag von X ersetzt verlangen?

Lösung

Frage 1a: Ansprüche des M gegen X bzw. I

A. Anspruch M gegen X aus §§ 280 I, 241 II BGB

M könnte gegen X einen Schadensersatzanspruch aus §§ 280 I, 241 II BGB haben.

I. Schuldverhältnis

Dazu müsste zwischen beiden ein Schuldverhältnis bestehen. X und M haben einen Kaufvertrag über eine Heimkinoanlage geschlossen, § 433 BGB; die Montageverpflichtung des X macht diesen Vertrag nicht zu einem Werkvertrag, vgl. § 434 II BGB.

II. Pflichtverletzung

Außerdem müsste X eine Pflicht aus diesem Kaufvertrag verletzt haben. Nachdem X selbst nicht gehandelt hat, kommt lediglich eine Zurechnung des Verhaltens des I an X in Betracht. X hat den I zur Erfüllung seiner Montageverpflichtung aus dem Kaufvertrag mit M eingesetzt; somit war I Erfüllungsgehilfe des X, der sich bei Pflichtverletzungen des I so behandeln lassen muss, als habe der selbst diese Pflichtverletzung begangen, § 278 BGB.

I hat die Stromleitung in der Wohnung des M beschädigt. Es handelt sich bei dieser Pflichtverletzung um die Verletzung einer Nebenpflicht im Sinne des § 241 II BGB, nämlich die Pflicht zur Rücksichtnahme auf die Integritätsinteressen des Vertragspartners. Deshalb ergibt sich ein möglicher Schadensersatzanspruch des M gegen X allein aus §§ 280 I, 241 II BGB und nicht aus § 437 Nr. 3 BGB, der nur für Schäden anwendbar ist, die im Zusammenhang mit einem Mangel der Kaufsache stehen.

III. Vertretenmüssen

Das Vertretenmüssen des I, das sich X nach § 278 BGB zurechnen lassen muss, wird vermutet, § 280 I 2 BGB; nachdem die Beschädigung aus Unachtsamkeit erfolgte, kann diese Vermutung auch nicht widerlegt werden.

IV. Schaden

Außerdem ist zu prüfen, ob M einen Schaden erlitten hat. Dazu ist die gegenwärtige Vermögenssituation des M mit der Situation, die ohne die Pflichtverletzung bestünde, zu vergleichen. Ohne die Pflichtverletzung hätte M nicht 400 € an V bezahlt, so dass ein Schaden in Höhe von 400 € eingetreten sein könnte.

Allerdings liegt ein Schaden nur dann vor, wenn diese Vermögenseinbuße unfreiwillig geschehen ist. Vorliegend hat M jedoch aus freien Stücken 400 € an V bezahlt. Allerdings ist diese Zahlung dann nicht freiwillig erfolgt, wenn eine Pflicht des M zur Zahlung gegenüber V bestand. Ein derartiger Anspruch könnte sich ebenfalls aus § 280 I BGB ergeben. Zwischen V und M besteht ein Mietvertrag. M müsste eine Pflicht aus dem Mietvertrag verletzt haben. M hat als Mieter eine Obhutspflicht die Mietsache betreffend. Diese Pflicht wurde durch die Beschädigung der Stromleitung als Teil der Mietsache verletzt. Allerdings hat nicht M, sondern I die Stromleitung beschädigt. Jedoch muss sich M das Verhalten des I nach § 278 BGB zurechnen lassen: Hinsichtlich der Obhutspflicht sind auch die vom Mieter beauftragten Handwerker beim Tätigwerden in der Wohnung Erfüllungsgehilfen. Gleiches gilt für das Vertretenmüssen des I. Deshalb war M gegenüber V verpflichtet, den durch die Verletzung der Obhutspflicht entstandenen Schaden in Höhe von 400 € zu ersetzen und hat somit selbst einen Schaden in dieser Höhe erlitten. Deshalb ist X zur Naturalrestitution in Geld verpflichtet, § 249 I BGB.

V. Ergebnis

M hat gegen X einen Anspruch auf Zahlung von 400 € aus §§ 280 I, 241 II BGB.

B. Anspruch M gegen X aus § 831 BGB

Möglicherweise hat M gegen X außerdem einen Anspruch aus § 831 BGB, weil I als Verrichtungsgehilfe des X ein Rechtsgut des M verletzt haben könnte. In Betracht kommt hier der berechtigte Besitz des M an der Mietwohnung. Fraglich ist jedoch, ob M als Mieter überhaupt Besitzer der Stromleitungen in seiner Wohnung ist. Jedenfalls bei der Hauptstromleitung, die das gesamte Haus mit Strom verfolgt, ist nicht davon auszugehen.

Ein Anspruch aus § 831 BGB besteht deshalb nicht.

C. Anspruch M gegen I aus § 823 I BGB

Aus demselben Grund besteht auch kein Anspruch des M gegen I aus § 823 I BGB.

Frage 1b: Anspruch M gegen X aus §§ 280 I, 241 II BGB

Der Unterschied zu Frage 1a liegt darin, dass M noch nicht bezahlt hat. Er hat deshalb noch keinen Schaden in Höhe von 400 € erlitten. Allerdings ist er infolge der Pflichtverletzung einer Zahlungspflicht in dieser Höhe ausgesetzt, die zuvor nicht bestanden hat. Der Schaden liegt also im Bestehen des Anspruchs V gegen M in Höhe von 400 €. Die Naturalrestitution, § 249 I BGB, ist deshalb auf Befreiung des M von dieser Verbindlichkeit gerichtet.

Frage 2: Ansprüche des M gegen X bzw. I

A. Anspruch M gegen X aus §§ 280 I, 241 II BGB

Auch wegen der an N gezahlten 200 € könnte M einen Schadensersatzanspruch gegen X haben. Die Anspruchsvoraussetzungen liegen vor. Fraglich ist allein, ob M einen Schaden in Höhe von 200 € erlitten hat. Das ist dann der Fall, wenn N von M 200 € wegen der eingegangenen Orchideen verlangen kann.

Aus dem nachbarschaftlichen Gemeinschaftsverhältnis zwischen M und N ergibt sich kein Anspruch, der auf Ersatz eines derartigen Schadens der N gerichtet wäre. Auch ein Anspruch aus Drittschadensliquidation besteht nicht, denn es ist keine Verlagerung des Schadens von M auf N erfolgt, sondern der Schaden ist von Anfang an bei N eingetreten, die ihrerseits deliktische Ansprüche aus § 823 I BGB und § 831 BGB gegen I und X geltend machen kann.

Möglicherweise hat N aber auch einen deliktischen Anspruch gegen M, § 823 I BGB. Das Eigentum der N an den Orchideen wurde in Form der Zerstörung der Sachsubstanz verletzt. Fraglich ist jedoch, ob dies auf einer Verletzungshandlung des M beruht, denn nicht M, sondern I hat die Stromleitung beschädigt. Allenfalls könnte M es unterlassen haben, I gehörig zu beaufsichtigen. Aber eine derartige Beaufsichtigungspflicht ist abzulehnen, da es bei längeren Arbeiten für den Auftraggeber schon nicht zumutbar ist, den Handwerker ständig zu überwachen. Zudem ist derartiges bei einem einzelnen Handwerker typischerweise nicht notwendig und M als Laie wäre überhaupt nicht in der Lage, derartige Fehler zu verhindern. Damit fehlt es an einer Verletzungshandlung des M.

In Betracht kommt jedoch ein Anspruch aus § 831 BGB. Dazu müsste I Verrichtungsgehilfe des M gewesen sein. I stand jedoch in keinem Verhältnis sozialer Abhängigkeit zu M, noch war er ihm weisungsgebunden. Damit scheidet auch ein Anspruch aus § 831 BGB aus. Ein Anspruch der N gegen M auf Zahlung der 200 € bestand nicht. Deshalb hat M auch durch die Zahlung an N keinen Schaden in dieser Höhe erlitten, es handelt sich nämlich um eine freiwillige Vermögenseinbuße.

B. Anspruch M gegen X aus §§ 677, 683, 670 BGB

Ein Anspruch aus berechtigter Geschäftsführung ohne Auftrag scheitert am fehlenden Fremdgeschäftsführungswillen des M: Er wollte nicht eine Verbindlichkeit des X oder I tilgen, sondern entweder eine vermeintlich eigene Verbindlichkeit begleichen oder seiner Nachbarin aus Kulanz den Schaden ersetzen.

Ein Anspruch des M gegen X aus §§ 677, 683, 670 BGB besteht deshalb nicht.

C. Ansprüche gegen I

Ansprüche gegen I bestehen nicht, vgl. oben Frage 1a.

Frage 3: Anspruch C gegen X aus § 831 BGB

Möglicherweise hat C gegen X einen Anspruch auf Zahlung von 70 € aus § 831 BGB.

I. I = Verrichtungsgehilfe

Dazu wäre zunächst erforderlich, dass I, der die Stromleitung beschädigt hat, Verrichtungsgehilfe des X war. Die Eigenschaft als Verrichtungsgehilfe setzt ein soziales Abhängigkeitsverhältnis mit Weisungsgebundenheit voraus. I als Arbeitnehmer des X stand zu X in einem sozialen Abhängigkeitsverhältnis und war dem Direktionsrecht seines Arbeitgebers X unterworfen. Somit war I Verrichtungsgehilfe des X.

II. Rechtsgutsverletzung

Außerdem müsste I ein Rechtsgut des C verletzt haben. In Betracht kommt hier das Eigentum an den Kopiergeräten, die C mehrere Stunden lang nicht nutzen konnte, weil der Strom ausgefallen war. Eine Eigentumsverletzung kann hier durch die Beeinträchtigung der Nutzungsmöglichkeit erfolgt sein. Dazu wäre jedoch erforderlich, dass der bestimmungsgemäße Gebrauch der Geräte vollständig aufgehoben worden ist. Das war vorliegend nicht der Fall, denn die Geräte konnten lediglich im Copyshop des C unter Verwendung der hauseigenen Stromversorgung nicht genutzt werden, an jedem anderen Ort oder mit anderer Stromquelle hingegen schon.

In Betracht kommt jedoch eine Verletzung des eingerichteten und ausgeübten Gewerbebetriebs als sonstiges Recht im Sinne des § 823 I BGB. Ein Copyshop ist als Gewerbebetrieb anzusehen, denn nach gängiger Auffassung wird der Anwendungsbereich dieses Rahmenrechts weit gefasst. Die Kopierer des Copyshops waren mehrere Stunden nicht betriebsfähig, so dass eine Verletzung dieses Rechts vorliegt, weil der Betrieb des Copyshops dadurch beeinträchtigt war. Jedoch wird als Ausgleich zu diesem weit gefassten Recht gefordert, dass die Verletzung durch einen betriebsbezogenen Eingriff erfolgt ist. Das ist der Fall, wenn der Eingriff gegen den Betrieb als solchen gerichtet ist und nicht nur einzelne abteilbare Rechte oder Rechtsgüter des Betriebs betrifft oder wenn Eingriff final auf Verletzung gerichtet ist. Hier sind Geräte abtrennbar, das Handeln des I war auch nicht darauf gerichtet, den Betrieb des C zu beeinträchtigen. Damit fehlt es an einer Rechtsgutverletzung.

III. Ergebnis

Ein Anspruch des C gegen X aus § 831 BGB besteht mithin nicht (a.A. vertretbar).

Teil 3

Sachenrecht

Fall 1 **

Dietel (D) unterhielt seit 2005 in seinem Stadthaus das Lokal Klimperkasten. Ende 2007 beschloss D, die Einrichtung des Lokals zu renovieren. Den großen Tresen, der einen Wert von etwa 6000 € hat, ließ er vom Restaurator Korn (K) abholen, der den Tresen renovierte und dabei auch einige fehlende Teile ergänzte. Weil D nicht sofort zahlen konnte, trafen D und K am 20. Januar 2008 folgende Vereinbarung: „Der Werklohn des K in Höhe von 3000 € wird bis 20. August 2008 gestundet. Dafür überträgt D das Eigentum an dem Tresen an K. Nach Zahlung der 3000 € gibt K das Eigentum an D zurück. Andernfalls muss dieser den Tresen an K herausgeben.“. Zwei Tage später lieferte K den Tresen in den Klimperkasten und stellt ihn dort auf.

Um weitere Renovierungsmaßnahmen finanzieren zu können, nahm D am 29. Februar 2008 ein Darlehen in Höhe von 50 000 € bei der Raiffeisenkasse (R) auf und übereignete dieser das gesamte Inventar des Klimperkastens zur Sicherheit. R und D vereinbarten, dass D die Sachen als Mieter weiterbenutzen dürfe. Die Verabredung mit K hatte D der R verschwiegen.

Weil D das am 31. August 2008 fällige Darlehen nicht an R zurückzahlte, verlangt R nun die Einrichtung des Klimperkastens inklusive Tresen von D heraus. Doch auch K, der noch auf sein Geld wartet, will den Tresen haben.

Wem gehört der Tresen?

Lösung

I. Ursprüngliche Eigentumslage

Ursprünglich war D Eigentümer des Tresens. Daran ändert auch der Abschluss des Werkvertrags, § 631 BGB, mit K nichts, der lediglich zur Entstehung eines Werkunternehmerpfandrechts des K nach Übergabe des Tresens an ihn führt, § 647 BGB.

II. Eigentumserwerb durch K, § 950 BGB

Ein Eigentumsverlust an K könnte jedoch durch die Renovierung des Tresens stattgefunden haben, § 950 BGB. Der Tresen ist eine bewegliche Sache, durch deren Verarbeitung eine neue Sache entstanden sein müsste. Verarbeitung ist jede Einwirkung auf die Sachsubstanz, die neue Sacheigenschaften hervorbringt. Da eine Renovierung keine neue Sache hervorbringt, sondern lediglich die alte Sache verbessert, fehlt es an einer Verarbeitung im Sinne des § 950 BGB.

III. Miteigentumserwerb durch K, § 947 BGB

Durch die Anfertigung neuer Teile und Montage dieser Teile am Tresen könnte K jedoch Miteigentum an dem Tresen nach § 947 BGB erworben haben. Dazu hätte durch die Verbindung der eingefügten Teile eine einheitliche Sache entstehen müssen, die Sachen dürften also nicht mehr voneinander getrennt werden können, ohne dass eine der beiden beschädigt oder zerstört wird. K hat neue Teile für den Tresen angefertigt und eingefügt. Ein Miteigentumserwerb des K setzt jedoch weiter voraus, dass nicht eine der beiden Sachen – Tresen oder Teile – als Hauptsache anzusehen ist, § 947 II BGB. Diese Frage richtet sich nach Verkehrsauffassung. So ist beispielsweise eine Sache dann Hauptsache, wenn die anderen Teile fehlen könnten, ohne dass die Funktion der Hauptsache beeinträchtigt würde. Die Funktion des Tresens war auch vor der Aufarbeitung gewährleistet, so dass er die Hauptsache darstellt. Folglich hat K kein Miteigentum erworben.

IV. Eigentumserwerb durch K, § 929 BGB

Am 20. Januar 2008 trafen K und D die Vereinbarung, K solle Eigentümer des Tresens werden, damit seine Werklohnforderung gesichert ist. Sie waren sich damit über den Eigentumsübergang einig, § 929 S. 1 BGB. K war zum Zeitpunkt der Einigung bereits im Besitz des Tresens, so dass eine Übergabe nicht erforderlich war und eine Übereignung kurzer Hand nach § 929 S. 2 BGB stattfand. D war als Eigentümer des Tresens auch zur Übereignung an K berechtigt. K wurde daher am 20. Januar 2008 Eigentümer des Tresens.

Diese Übereignung könnte jedoch wegen anfänglicher Übersicherung nach § 138 I BGB sittenwidrig und nichtig sein. Eine solche Nichtigkeit des Verfügungsgeschäfts ist jedoch nur bei einem krassen Missverhältnis von gesicherter Forderung und Sicherheit anzunehmen. Davon kann allenfalls ausgegangen werden, wenn der Sachwert mehr als das Dreifache des Forderungsbetrags beträgt. Vorliegend ist der Wert des Tresens mit 6000 € jedoch nur doppelt so hoch wie der Forderungsbetrag von 3000 €. § 138 I BGB ist deshalb nicht einschlägig.

V. Eigentumserwerb durch D, § 946 BGB

Möglicherweise könnte K sein Eigentum an dem Tresen jedoch wieder an D verloren haben. Zwar wollte er den Tresen mit Anlieferung bei D nicht an diesen übereignen, so dass es bereits an einer Einigung im Sinne des § 929 S. 1 BGB fehlt. Jedoch könnte der gesetzliche Eigentumserwerbstatbestand des § 946 BGB einschlägig sein. Dazu müsste der Tresen wesentlicher Bestandteil geworden sein, §§ 93 f BGB. Möglicherweise ist er zur Herstellung des Gebäudes eingefügt worden, § 94 II BGB, weil ein Lokal einen Tresen benötigt. Wesentliche Bestandteile im Sinne des § 94 II BGB sind von Zubehörstücken abzugrenzen, § 97 BGB. Dabei handelt es sich um bewegliche Sachen, die dem wirtschaftlichen Zweck der Hauptsache zu dienen bestimmt sind. Daraus ergibt sich im Gegenschluss, dass es sich bei den zur Herstellung des Gebäudes eingefügten Sachen lediglich um diejenigen Sachen handelt, die abstrakt für die Herstellung eines Gebäudes erforderlich sind, nicht aber solche, die nur im Hinblick auf die Zweckwidmung erforderlich sind. D hat somit nicht nach § 946 BGB Eigentum an der Theke erworben.

VI. Eigentumserwerb der R, §§ 929, 930 BGB

Am 29. Februar 2008 einigte sich D mit R dahingehend, dass R zur Sicherung seiner Darlehensforderung Eigentümer des Tresens werden solle, § 929 S. 1 BGB. Die Einigung, die sich auf fest definierte Inventarstücke bezog, war auch ausreichend bestimmt. Für einen Eigentumsübergang an R wäre jedoch zudem die Übergabe des Tresens an R erforderlich gewesen, die aber nicht erfolgt ist. Jedoch könnte die Übergabe durch ein Besitzkonstitut ersetzt worden sein, §§ 930, 868 BGB. R und D haben vereinbart, dass D den Tresen in Zukunft als Mieter benutzen dürfe und haben damit eines der in § 868 BGB genannten Besitzmittlungsverhältnisse vereinbart. Jedoch war D als Nichteigentümer nicht zur Verfügung über den Tresen befugt. Die fehlende Berechtigung könnte jedoch durch gutgläubigen Erwerb seitens R überwunden werden. Mit § 930 BGB korrespondierende Vorschrift ist hier § 933 BGB. Er verlangt neben dem guten Glauben der R an das Eigentum des D, von dem vorliegend auszugehen ist, § 932 II BGB, eine Übergabe der Sache an den Erwerber. Jedoch ist der Tresen nie an R übergeben worden. Damit ist R nicht Eigentümer des Tresens geworden.

VII. Gesamtergebnis

K ist Eigentümer des Tresens.

Fall 2 *

Gustav Gans (G) leidet an einer unheilbaren Erbkrankheit, die 3 Generationen überspringt und zu ganz erheblichen und dauerhaften geistigen Ausfällen führt. Sie brach Anfang 2006 bei G aus, blieb aber zunächst unerkannt. Ferdinand Fritz (F), ein Jugendfreund des G, der nichts von der Krankheit wusste, gewährte G im Februar 2006 ein Darlehen in Höhe von 100 000 € mit einer Laufzeit von einem Jahr, damit G seiner Leidenschaft Briefmarken zu sammeln nachgehen und einige seltene Exemplare ersteigern konnte. „Der Form halber“ bat F den G um eine Sicherheit, der daraufhin eine Briefhypothek an seinem Hausgrundstück bestellte. Nach Eintragung des F im Grundbuch zahlte F die Darlehenssumme an G aus.

Aufgrund unglücklicher Wertpapierspekulationen kam F vor Fälligkeit des Darlehens (Dezember 2006) in Geldschwierigkeiten und übertrug die Hypothek mit schriftlicher Vereinbarung vom 1. September 2006 unter Übergabe des Hypothekenbriefes an Dorian Duck (D). Mitte September wollte F den G auf ein Glas

Wein besuchen und traf ihn wild gestikulierend um die alte Eiche in seinem Garten tanzend an. F überredete G daraufhin zu einem Arztbesuch, bei dem die Krankheit ans Licht kam.

Welche Ansprüche hat D gegen G?

Lösung

A. Anspruch auf Duldung der Zwangsvollstreckung, § 1147 BGB

D hätte gegen G einen Anspruch auf Duldung der Zwangsvollstreckung in sein Hausgrundstück, wenn D eine Hypothek an dem Grundstück zustünde, § 1147 BGB.

I. Hypothekenbestellung durch G

Zunächst könnte G dem F eine Hypothek bestellt haben, die dann auf D übergegangen ist. Dazu bedarf es einer Einigung zwischen G und F, § 873 I BGB. G ist aufgrund der Erbkrankheit jedoch dauerhaft erheblich geistig eingeschränkt und damit geschäftsunfähig, § 104 Nr. 2 BGB. Demzufolge ist seine Willenserklärung nichtig, § 105 I BGB, eine Einigung zwischen G und F liegt nicht vor.

II. Erwerb der Hypothek durch D

1. Abtretung der Forderung

Trotzdem wurde die Hypothek zugunsten des F im Grundbuch eingetragen. Dadurch könnte ein gutgläubiger Erwerb der Hypothek durch D ermöglicht worden sein. Allerdings wird eine Hypothek als akzessorisches Sicherungsmittel nicht isoliert übertragen, sondern folgt bei einer Abtretung der gesicherten Forderung, §§ 398, 401 BGB. Die Übertragung der Hypothek von F auf D bedeutet also, dass F seine Forderung gegen G an D abgetreten hat. Dabei könnte D dann die tatsächlich nicht existierende Hypothek gutgläubig erworben haben, §§ 892, 401, 1153 BGB.

Eine derartige Forderung existiert jedoch nicht, denn der geschäftsunfähige G konnte keinen wirksamen Darlehensvertrag schließen. Etwas anderes würde jedoch dann gelten, wenn die Hypothek auch den Bereicherungsanspruch des F gegen G sichert, der sich daraus ergibt, dass F dem G 100 000 € ausgehändigt hat, ohne dass dafür eine Rechtsgrundlage besteht. Davon ist allerdings mangels entsprechender Abreden zwischen den Parteien, nach der sich bemisst, welche Forderung die Hypothek sichern soll, nicht auszugehen. Damit besteht keine Forderung, deren Abtretung einen gutgläubigen Erwerb der Hypothek nach §§ 892, 401, 1153 BGB ermöglichen würde.

2. Gutgläubiger Forderungserwerb

Womöglich hat D jedoch die Forderung gutgläubig von F erworben. Ein gutgläubiger Forderungserwerb ist grundsätzlich nicht möglich. Das würde jedoch bedeuten, dass ein gutgläubiger Erwerb der Hypothek ausscheidet, obwohl das Grundbuch den Rechtsschein hervorruft, eine Hypothek bestehe. Deshalb kommt ein gutgläubiger Erwerb der Forderung nach § 1138 BGB in Betracht, der § 892 BGB auch für die Forderung anwendbar macht. F und D haben eine schriftliche Vereinbarung über den Übergang der vermeintlichen Forderung geschlossen und F hat den Hypothekenbrief an D übergeben. Damit sind die Voraussetzungen der §§ 398, 1154 BGB erfüllt. Es ist nicht ersichtlich, dass D wusste, dass F keine Darlehensforderung gegen G hatte; deshalb konnte er die Forderung gutgläubig erwerben, soweit diese gleichsam als „Unterlage“ für einen Erwerb der Hypothek erforderlich ist und Einreden nach § 1137 BGB verhindert.

3. Gutgläubiger Erwerb der Hypothek

Fraglich ist jedoch, ob er darüber hinaus auch die Hypothek gutgläubig erwerben konnte. Der gutgläubige Erwerb eines Grundstücksrechts nach § 892 BGB setzt zunächst einen rechtsgeschäftlichen Erwerb voraus. Der Erwerb der Hypothek vollzieht sich jedoch nach §§ 1153, 401 BGB kraft Gesetzes, denn sie folgt der abgetretenen Forderung. Nachdem aber trotzdem der gute Glaube des Rechtsverkehrs an die im Grundbuch ausgewiesene Rechtslage geschützt werden muss und §§ 1153, 401 BGB nur das anordnen, was die Parteien ansonsten rechtsgeschäftlich vereinbaren würden, kann die Hypothek nach § 892 BGB analog gutgläubig erworben werden. Diese Norm geht vom Regelfall der Gutgläubigkeit des Erwerbers aus; gegenteilige Hinweise sind vorliegend nicht ersichtlich.

III. Ergebnis

Damit hat D die Hypothek gutgläubig erworben und kann von G Duldung der Zwangsvollstreckung in sein Grundstück verlangen, § 1147 BGB.

B. Anspruch des D gegen G aus §§ 488 I, 398 BGB

Ein Anspruch des D gegen G aus §§ 488 I, 398 BGB scheidet hingegen aus, denn § 1138 BGB ermöglicht keinen gutgläubigen Erwerb der Forderung insgesamt, sondern nur der Forderung als „Unterlage“ der Hypothek, ohne dass dadurch dem Erwerber Rechte aus der Forderung eingeräumt würden.

Fall 3 **

Der Unternehmer Paul (P) sollte dem Sänger Weinhaus (W) zum Gesamtpreis von 100 000 € einen Pool liefern und installieren. Weil P aufgrund der pressebekannten Eskapaden des W nicht sicher war, ob er sein Geld je sehen würde, bestand er auf der Bestellung einer entsprechenden Briefgrundschuld am Grundstück des W, die am 1. April 2008 im Grundbuch eingetragen wurde. Anschließend lieferte und installierte er den Pool.

Als P im Juni 2008 einen Maserati GT für 95 000 € vom Autohändler Günther (G) erwarb, trat er mit dessen Einverständnis einfach die Forderung gegen W an G ab. Die Grundschuld erwähnte er dabei mit keinem Wort. Weil er schlau war, verkaufte P einige Tage später die Grundschuld mit schriftlichem Vertrag für 90 000 € an den Spekulanten Sohlbergs (S) und übergab ihm den Grundschuldbrief. So hatte er den Maserati fast umsonst bekommen und noch einen guten Gewinn gemacht, denn einige Tage später zahlte W wider Erwarten pünktlich seine Rechnung auf Ps Konto.

Im Juli 2008 verlangte G von W Zahlung von 100 000 € aus abgetretener Forderung. Tags drauf meldete sich S und drohte die Zwangsvollstreckung in das Grundstück des W an, wenn dieser nicht 100 000 € zahle.

W ist irritiert und möchte wissen, ob diese Ansprüche tatsächlich bestehen, ob es besser gewesen wäre, nicht an P zu zahlen, und was er jetzt tun könne, „um sich die lästigen Typen vom Hals zu halten".

Lösung

A. Anspruch G gegen W aus §§ 631 I, 398 BGB

G könnte gegen W einen Anspruch aus §§ 631 I, 398 BGB haben.

I. Anspruch entstanden

Dazu müsste die Werklohnforderung im Verhältnis P – W entstanden und von P an G abgetreten worden sein. P und W haben einen wirksamen Werkvertrag geschlossen, § 631 BGB, so dass die Forderung in der Person des P entstanden ist.

P und G waren sich über den Forderungsübergang einig, so dass die Forderung gegen W auf G übergegangen ist, § 398 BGB. Möglicherweise bedurfte die Abtretung jedoch der Schriftform, weil die Forderung durch eine Grundschuld gesichert war. § 1154 BGB schreibt derartiges für hypothekarisch gesicherte Forderungen vor und § 1192 II BGB verweist für die Grundschuld auf das Hypothekenrecht. Allerdings ist § 1154 BGB eine der Normen, die auf der Akzessorietät der Hypothek beruhen, die der abgetretenen Forderung folgt, § 1153 I BGB. Daher wird diese Norm von der Verweisung des § 1192 II BGB gerade nicht erfasst und die Forderung kann formlos abgetreten werden.

Allerdings könnte ein Abtretungsverbot bestanden haben, § 399 BGB, denn aus der Sicherungsabrede zwischen P und W ergibt sich die Pflicht, Forderung und Grundschuld nicht an zwei Erwerber zu veräußern, damit sich der Schuldner nicht plötzlich zwei Gläubigern gegenübersieht. Allein aus dieser Pflicht ergibt sich jedoch noch kein Abtretungsverbot; sähe man das anders, würde man die Grundschuld stark an die Hypothek annähern, ohne dass eine entsprechende Abrede bestünde. Damit war die Abtretung wirksam und G kann aus §§ 631 I, 398 BGB gegen W vorgehen.

II. Anspruch erloschen

Möglicherweise könnte der Anspruch jedoch erloschen sein, § 362 I BGB, weil W seine Rechnung bezahlt hat. Ein Erlöschen durch Erfüllung tritt durch Erbringung der geschuldeten Leistung an den Gläubiger ein. Als W an P bezahlt hat, war jedoch P nicht mehr Gläubiger, weil inzwischen die Abtretung stattgefunden hatte. Damit war die Zahlung des W an P keine Erfüllung, die den Anspruch zum Erlöschen gebracht hätte, zumal es auch an den Voraussetzungen einer Erfüllung an einen Dritten, §§ 362 II, 185 BGB, fehlt.

III. Anspruch durchsetzbar

Allerdings ergibt sich aus der Zahlung der 100 000 € durch W an P eine dauernde Einrede aus § 407 BGB, die W dem G entgegenhalten werden kann. G muss die Leistung des W an P gegen sich gelten lassen (und kann lediglich Rückgriff bei P nehmen, § 816 II BGB).

IV. Ergebnis

Ein Anspruch des G gegen W aus §§ 631 I, 398 BGB besteht somit nicht.

V. Variante

Falls W nicht an P gezahlt hätte, könnte er die Zahlung ebenfalls verweigern, § 273 I BGB: Er könnte ein Zurückbehaltungsrecht geltend machen und müsste nur Zug um Zug gegen Rückübertragung der Grundschuld leisten. Diese Einrede aus dem Verhältnis zu P hätte W auch G entgegenhalten können, § 404 BGB. Weil G hierzu nicht in der Lage gewesen wäre, hätte eine dauernde Einrede bestanden und W hätte ebenfalls nicht an G zahlen müssen.

B. Anspruch S gegen W auf Duldung der Zwangsvollstreckung, §§ 1192, 1147 BGB

S könnte gegen W einen Anspruch auf Duldung der Zwangsvollstreckung haben, §§ 1192, 1147 BGB, wenn er Inhaber einer Grundschuld am Grundstück des W wäre.

I. Anspruch entstanden

Zunächst hat W dem P eine Grundschuld an seinem Grundstück bestellt. Diese Grundschuld müsste P an S übertragen haben. Die Übertragung einer Briefgrundschuld richtet sich nicht nach § 873 BGB, weil dieser eine Grundbucheintragung erfordert, sondern, weil die Briefgrundschuld verkehrsfähiger sein soll, nach §§ 413, 398, 1154 BGB.

P und S waren sich einig darüber, dass die Grundschuld übergehen soll, §§ 413, 398 BGB; diese Einigung genügte der in § 1154 BGB angeordneten Schriftform. Die Briefübergabe, § 1154 BGB, ist erfolgt. P als Inhaber der Grundschuld war auch zu ihrer Übertragung berechtigt. Damit ist S Inhaber einer Grundschuld am

Grundstück des W und kann von W Duldung der Zwangsvollstreckung verlangen, § 1147 BGB.

II. Anspruch durchsetzbar

Möglicherweise kann W die Verteidigungsmöglichkeiten der §§ 1192 I, 1157 S. 1 BGB nutzen. Diese Norm erfasst Einreden, die zur Zeit der Übertragung der Grundschuld schon bestanden. Aus dem Sicherungsvertrag zwischen P und W konnte W die Einrede herleiten, dass er nicht mehr zur Duldung der Zwangsvollstreckung verpflichtet sei und die Rückgewähr der Grundschuld verlangen könne, wenn er die gesicherte Forderung getilgt hat. Dieser Rückgewähranspruch begründet eine Einrede nach § 273 I BGB.

Diese Einrede kann W über §§ 1192 I, 1157 S. 1 BGB auch S entgegenhalten. S hat somit keinen Anspruch auf Duldung der Zwangsvollstreckung gegen W. Etwas anderes könnte sich jedoch aus § 1157 S. 2 BGB ergeben, der unter Verweis auf § 892 BGB einen gutgläubigen Wegerwerb dieser Einrede durch S ermöglicht. § 892 BGB geht vom Regelfall der Gutgläubigkeit aus, so dass S die Einrede gutgläubig wegerwerben konnte, nachdem nicht ersichtlich ist, dass er Kenntnis von dieser konkreten Einrede gehabt hätte.

III. Ergebnis

Damit kann S von W also doch Duldung der Zwangsvollstreckung, § 1147 BGB, verlangen (und W muss sich bei P schadlos halten, § 280 I BGB, der die Grundschuld nach Wegfall des Sicherungszwecks nicht veräußern hätte dürfen).

IV. Variante

Falls W noch nicht an P gezahlt hätte, hätte er sich ohnehin nicht mit dem Wegfall des Sicherungszwecks verteidigen können und die Zwangsvollstreckung in sein Grundstück dulden, § 1147 BGB, oder 100 000 € an S bezahlen müssen, vgl. § 1142 I BGB.

Fall 4 **

Manfred (M) und Frauke (F) kauften nach ihrer Hochzeit ein Haus im Wert von 150 000 €. Dazu nahmen sie ein Darlehen bei der Badischen Bank (B) auf, die sich zur Sicherheit eine Hypothek bestellen ließ; nach Briefübergabe zahlte B das Darlehen aus. Nach sieben Ehejahren hatten sie zwar bereits 100 000 € abbezahlt, aber das verflixte siebte Jahr nahm seinen Lauf und die Ehe ging zu Bruch. Deshalb sahen sich M und F gezwungen, das Haus zu verkaufen. Deffner (D), der eine gute Gelegenheit witterte, kaufte M und F das Haus im Juli 2007 für 80 000 € ab und verpflichtete sich gleichzeitig, die restliche Darlehensschuld von

50 000 € bei B zu tilgen. M und F ließen das Grundstück daraufhin an D auf und teilten B mit, dass nun D für die Darlehenstilgung zuständig sei, erhielten aber nie eine Antwort. Nach Eintragung im Grundbuch zahlte D 80 000 € an M und F.

Frage 1: Kann B trotzdem gegen M und F vorgehen?

Weil M und F mit ihren zwei Kindern noch keine neuen Wohnungen gefunden hatten, gestattete D, dass die Familie noch einige Wochen im Haus wohnen blieb. In den Sommerferien machten M und F noch ein letztes Mal gemeinsam mit den Kindern Urlaub. Während M und F mit den Kindern in Mallorca badeten, entdeckte Nachbar N im Spielwarengroßhandel ein zeitlich begrenztes einmaliges Angebot für einen Abenteuer-Spielplatz zum Preis von 1300 €. Er, der von der Ehekrise und der neuen Eigentumslage nichts mitbekommen hat, erinnerte sich daran, dass die Kinder sich schon lange einen solchen Spielplatz wünschen. M und F war der Spielplatz, der üblicherweise 2500 € kostet, jedoch zu teuer gewesen, wie N aus einer Unterhaltung wusste, in der M und F geäußert hatten, dass sie maximal 1500 € für so einen Spielplatz ausgeben würden. Kurz entschlossen kaufte N den Spielplatz und baute ihn im Garten auf. Aus Mallorca zurück klärten M und F den N über die neue Eigentumslage am Hausgrundstück auf. Für die Bezahlung müsse er sich an den D wenden. D jedoch, der selbst keine Kinder hat, möchte in seinem Garten lieber Gemüse anpflanzen und ist über das Zahlungsverlangen empört. Er ist im Gegenteil der Meinung, dass N das Ungetüm von Spielplatz schleunigst beseitigen lassen müsse.

Frage 2: Kann N von D Bezahlung verlangen? Oder D von N Beseitigung?

Lösung

Frage 1: Ansprüche der B gegen M und F

A. Anspruch B gegen M/F aus §§ 488 I, 421ff. BGB

I. Anspruch entstanden

B könnte gegen M und F als Gesamtschuldner einen Anspruch auf Zahlung von 150 000 € aus §§ 488 I, 421 ff BGB haben. B als Darlehensgeber und M und F als Darlehensnehmer haben einen Darlehensvertrag geschlossen, § 488 BGB. Das Darlehen wurde von B an M und F ausgezahlt. Die ratenweise Fälligkeit des Rückzahlungsanspruchs richtet sich nach den Vereinbarungen im Darlehensvertrag.

M und F haben das Darlehen gemeinsam aufgenommen und sind somit als Gesamtschuldner, §§ 421 ff BGB, zur Rückzahlung verpflichtet. Der Anspruch ist somit entstanden.

II. Anspruch erloschen

In Höhe von 100 000 € ist der Anspruch jedoch bereits durch Erfüllung erloschen, § 362 I BGB. Damit bleiben M und F gesamtschuldnerisch zur Zahlung von 50 000 € verpflichtet.

Diese Verpflichtung könnte jedoch auf D übergegangen sein, wenn dieser die Schuld von M und F übernommen hat. Vorliegend haben M/F und D vereinbart, dass D die restliche Darlehensverbindlichkeit bei B tilgen werde. Es könnte damit eine Schuldübernahme durch Vereinbarung zwischen Altschuldner (M/F) und Neuschuldner (D) vorliegen, § 415 I BGB. Zu deren Wirksamkeit ist jedoch die Zustimmung des Gläubigers erforderlich, dem nicht einfach ein anderer Schuldner zugeschoben können werden soll, § 415 I BGB. Eine derartige Genehmigung ist aber nicht erfolgt. Insbesondere kann das Schweigen der B nicht als Genehmigung angesehen werden.

Etwas anderes gilt jedoch bei hypothekarisch gesicherten Forderungen: Hier fingiert das Gesetz die Genehmigung, wenn der Gläubiger sich nicht innerhalb von sechs Monaten nach der Mitteilung äußert, § 416 I 2 BGB. Diese sechs Monate sind seit der Mitteilung im Juli 2007 inzwischen verstrichen. Damit hat D wirksam die Schuld von M und F übernommen und die Verpflichtung von M und F gegenüber B ist erloschen.

III. Ergebnis

B muss ihren neuen Schuldner D in Anspruch nehmen.

B. Anspruch B gegen M/F auf Duldung der Zwangsvollstreckung, § 1147 BGB

Voraussetzung für einen Anspruch der B gegen M/F aus § 1147 BGB wäre, dass M/F der B eine Hypothek an ihrem Grundstück bestellt haben. Die Parteien waren einig darüber, dass eine Hypothek zugunsten der B bestellt werden sollte, §§ 873 I, 1113 BGB. Die Hypothek wurde auch im Grundbuch eingetragen, § 873 I BGB und M/F als Grundstückseigentümer waren auch zur Bestellung der Hypothek berechtigt. Es handelt sich vorliegend um eine Briefhypothek, nachdem die Erteilung eines Briefes nicht ausgeschlossen wurde, § 1116 BGB, die erst mit Briefübergabe entsteht, § 1117 I BGB; die Briefübergabe hat bereits vor Auszahlung des Darlehens stattgefunden. Die Hypothek als akzessorisches Sicherungsmittel setzt schließlich noch das Bestehen einer zu sichernden Forderung voraus, die mit der Darlehensforderung der B gegen M/F auch existierte. Damit stand B eine Hypothek am Grundstück von M und F zu.

Dieses Grundstück haben M und F jedoch an D aufgelassen, §§ 873 I, 925 BGB, der auch als Eigentümer im Grundbuch eingetragen wurde. Sie haben damit das Grundstück, belastet mit der Hypothek, an D übertragen.

Nachdem sich der Anspruch aus § 1147 BGB gegen den jeweiligen Eigentümer des mit der Hypothek belasteten Grundstücks richtet, besteht ein solcher Anspruch der B gegen M/F nicht mehr.

Frage 2: Ansprüche wegen des Spielplatzes

A. Anspruch N gegen D aus §§ 677, 683, 670 BGB

N könnte gegen D einen Anspruch auf Zahlung von 1300 € als Aufwendungsersatz aus berechtigter Geschäftsführung ohne Auftrag haben. Er hat mit Erwerb und Installation des Spielplatzes ein Geschäft besorgt. Das Geschäft war objektiv fremd, hat er den Spielplatz doch auf einem fremden Grundstück errichtet und somit in einem fremden Rechts- und Interessenkreis gehandelt. Der Fremdgeschäftsführungswille des N ist deshalb zu vermuten.

Allerdings stellt sich die Frage, in wessen Rechtskreis N tätig wurde. In Betracht kommt der Rechtskreis des Eigentümers D; es erscheint freilich fraglich, ob N wirklich ein Geschäft für D führen wollte. Er ging davon aus, dass das Grundstück im Eigentum von M und F stehe. Ein derartiger Irrtum über die Person des Geschäftsherrn ist nach § 686 BGB jedoch unbeachtlich.

Jedoch hatte D zu dem Zeitpunkt, in dem N den Spielplatz aufgebaut hat, das Grundstück an M und F leihweise überlassen. Er durfte deshalb selbst (wie auch ein Vermieter) keine Veränderung am verliehenen Garten vornehmen, weil er sich dieser Zuständigkeit durch den Verleih des Grundstücks begeben hatte, so dass das Handeln des N den Rechtskreis des D nicht berührte, sondern nur jenen der Entleiher M und F.

Damit kommt ein Anspruch aus §§ 677, 683, 670 BGB gegen D nicht in Betracht.

B. Anspruch N gegen D aus §§ 951, 812 BGB

In Betracht kommt aber möglicherweise ein Anspruch aus §§ 951, 812 BGB. Dazu wäre zunächst erforderlich, dass N einen Rechtsverlust nach §§ 946ff. BGB erlitten hat. In Betracht kommt hier ein Rechtsverlust nach § 946 BGB. Dazu müsste der Spielplatz wesentlicher Bestandteil des Hausgrundstücks geworden sein; das richtet sich nach §§ 94 I BGB. Der Spielplatz müsste also fest mit Grund und Boden verbunden worden sein. § 94 I BGB nennt als Beispiel für eine solche feste Verbindung „insbesondere Gebäude“. Kriterium ist die Schwierigkeit der Ablösung, so dass eine feste Verbindung vorliegt, wenn eine starke Beschädigung des abzulösenden Teils oder des Grundstücks unvermeidlich ist, so dass feste Verbindung vorliegt, wenn die Abtrennung des Bestandteils nur unter Aufwendung unverhältnismäßiger Kosten möglich ist. Es ist weder ersichtlich, dass ein Abbau des Spielplatzes zu Schäden an Spielplatz oder Grundstück führen wurde, noch dass er unverhältnismäßig teuer wäre.

Er ist somit kein wesentlicher Bestandteil des Grundstücks geworden, so dass ein Anspruch des N gegen D aus §§ 951, 812 BGB ausscheidet.

C. Anspruch D gegen N aus § 1004 I 1 BGB

D könnte gegen N einen Anspruch aus § 1004 I 1 BGB auf Beseitigung des Spielplatzes haben. D als Eigentümer ist tauglicher Anspruchsgläubiger. Das Eigentum des D an dem Grundstück ist durch Aufstellung des Spielplatzes beeinträchtigt worden, ohne dass D der Besitz entzogen oder vorenthalten worden wäre. Schließlich müsste N noch tauglicher Anspruchsschuldner, also Störer sein. N hat die Beeinträchtigung des Eigentums durch die Aufstellung des Spielplatzes unmittelbar verursacht und ist somit als Handlungsstörer anzusehen.

Damit kann D von N Beseitigung der Beeinträchtigung, also Abbau des Spielplatzes, verlangen, § 1004 I 1 BGB.

D. Anspruch D gegen N aus §§ 869, 862 I 1 BGB

Ein identischer Anspruch ergibt sich unter den gleichen Voraussetzungen aus Gesichtspunkten des Besitzschutzes aus §§ 869, 862 I 1 BGB.

E. Anspruch D gegen N aus § 823 I BGB

Schließlich kommt noch ein deliktischer Anspruch aus § 823 I BGB mit der Rechtsfolge der Naturalrestitution, § 249 I BGB, in Betracht, die vorliegend in der Entfernung des Spielplatzes bestehen könnte. Durch das Aufstellen des Spielplatzes auf dem Grundstück des D hat N sowohl Eigentum als auch den berechtigten Besitz des D als sonstiges Recht verletzt. Diese Verletzung ist auch rechtswidrig.

Fraglich ist, ob N zumindest Fahrlässigkeit anzulasten ist, er also bei Beachtung der im Verkehr erforderlichen Sorgfalt von dem Eigentümerwechsel hätte wissen müssen. Dafür spricht, dass N aus dem Grundbuch den Eigentümerwechsel ohne Weiteres hätte ersehen können. Allerdings bestand für N angesichts der Tatsache, dass sich keinerlei äußere Veränderungen ergeben haben, kein Anlass, am Fortbestand der bisherigen Eigentumslage zu zweifeln. Unter Fortgeltung der alten Eigentumslage wäre N jedoch durch seine berechtigte Geschäftsführung ohne Auftrag für M und F gerechtfertigt gewesen. Deshalb ist N, der weiterhin M und F für die Eigentümer halten und sich durch berechtigte Geschäftsführung ohne Auftrag für M und F in seinem Handeln gerechtfertigt fühlen durfte, kein Sorgfaltsverstoß anzulasten. Damit ist N kein Fahrlässigkeitsvorwurf zu machen, weil er schuldlos einem Irrtum über das Vorliegen eines Rechtsfertigungsgrundes unterlag (a.A. vertretbar).

Ein Anspruch des D gegen N aus § 823 I BGB ist deshalb nicht gegeben.

Fall 5 **

Körner (K) und von Heusinger (V) einigen sich am 2. Januar 2008 notariell darauf, dass V dem K sein Hausgrundstück in Leipzig für 2 000 000 € verkauft. Allerdings kam es bei der notariellen Beurkundung zu einem Fehler, so dass die Urkunde über das unbebaute Nachbargrundstück lautete, das ebenfalls dem V gehörte. Daneben bewilligte V dem K noch eine Auflassungsvormerkung. In dieser Urkunde war allerdings das richtige Grundstück angegeben. Am 4. Februar

2008 wurde die Vormerkung für das Hausgrundstück vom Grundbuchamt eingetragen.

Als V sich die Unterlagen ansah, bemerkte er den Fehler mit der Grundstücksnummer und freute sich, für ein unbebautes Grundstück 2 000 000 € erlöst zu haben und das Hausgrundstück noch einmal verkaufen zu können. Er verkaufte es formwirksam für 2 100 000 € an Xaver (X) und ließ es sogleich formwirksam auf, da X den Kaufpreis bereits auf ein Anderkonto des Notars einbezahlt hatte. X wurde daraufhin im Grundbuch eingetragen und ist so glücklich in seinem neuen Heim, dass er es auf keinen Fall wieder hergeben möchte.

Frage 1: Kann K Auflassung des Grundstücks verlangen?

Frage 2: Angenommen, K kann Auflassung verlangen: Welche Schritte muss er unternehmen, um als Eigentümer ins Grundbuch eingetragen zu werden?

Frage 3 – Variante: Angenommen, K hat es sich anders überlegt und würde lieber die 100 000 € Mehreinnahmen von V haben. Hat er einen solchen Anspruch?

Lösung

Frage 1: Anspruch des K auf Auflassung

A. Anspruch K gegen X

K könnte einen Anspruch gegen X auf Auflassung des Grundstücks haben. Eine Vertragsbeziehung, die einen derartigen Anspruch erzeugen könnte, liegt zwischen K und X nicht vor.

In Betracht kommt auch kein Anspruch des K gegen X aus vorsätzlicher sittenwidriger Schädigung, § 826 BGB, weil X nichts getan hat, um K zu diesem Rechtsgeschäft zu bewegen. Somit besteht kein Anspruch des K gegen X auf Auflassung.

B. Anspruch K gegen V aus § 433 I BGB

Ein Anspruch des K gegen V auf Auflassung des Grundstücks könnte sich aus § 433 I BGB ergeben.

I. Voraussetzungen des Anspruchs aus § 433 I BGB

Die Parteien haben eine entsprechende Willenseinigung erzielt, §§ 145, 147 BGB. Allerdings bezieht sich die notarielle Kaufvertragsurkunde auf das falsche Grundstück. Das ist jedoch grundsätzlich unschädlich, weil sich die Parteien über den Verkauf des Hausgrundstücks geeinigt haben; die falsche Bezeichnung des Vertragsgegenstandes schadet in diesem Fall nicht.

Etwas anderes könnte sich jedoch aus der Formbedürftigkeit des Kaufvertrags ergeben. Da V sich in dem Vertrag verpflichtet, K das Eigentum an einem Grundstück zu übertragen, und K sich zum Erwerb des Grundstücks verpflichtet, ist die notarielle Form zu wahren, § 311b I 1 BGB. Diese Form wurde möglicherweise nicht eingehalten, weil in der Urkunde das falsche Grundstück genannt wird; dieser Formmangel wäre auch nicht durch Erfüllung geheilt worden, § 311b I 2 BGB. Zur Entscheidung dieser Frage ist auf die Funktion der notariellen Form abzustellen. Sie dient einmal dem Beweis des Geschäfts zwischen den Parteien (für Dritte ergibt sich der Eigentümerwechsel dann aus dem Grundbuch), zum anderen soll sie die Warnung und Beratung der Parteien bei einem derartig bedeutenden Geschäft sichern. Warnung und Beratung erfolgen unabhängig davon, welches Grundstück im Vertrag genannt wird. Auch die Beweisfunktion wird erfüllt, da zwischen den Parteien eindeutig feststeht, welches Grundstück gemeint ist, und Dritte nicht getäuscht werden können. Zwar ist vorliegend X mittelbar beteiligt, er vertraut jedoch nicht auf den Inhalt des Vertrages zwischen V und K und ist überdies durch die Eintragung der Vormerkung zugunsten des K im Grundbuch ausreichend gewarnt. Damit gilt auch in diesem Fall der Grundsatz „falsa demonstratio non nocet" und es ist ein wirksamer Vertrag zwischen V und K über das Hausgrundstück zustande gekommen.

II. Erlöschen des Anspruchs

1. Unmöglichkeit der Auflassung, § 275 I BGB

Die Pflicht zur Auflassung könnte jedoch wegen Unmöglichkeit entfallen sein, § 275 I BGB, wenn V nicht mehr Eigentümer des Grundstücks ist. V hat sich mit X über den Übergang des Eigentums an dem Hausgrundstück auf X geeinigt und X wurde auch im Grundbuch eingetragen. Dass eine Vormerkung zur Sicherung des Anspruchs K gegen V im Grundbuch eingetragen war, bewirkt keine Grundbuchsperre, so dass V auch verfügungsberechtigt war. Damit ist X Eigentümer des Grundstücks geworden. Nachdem der neue Eigentümer X das Hausgrundstücks keinesfalls wieder hergeben möchte, liegt ein Fall subjektiver Unmöglichkeit vor, § 275 I BGB und der Anspruch des K gegen V ist ausgeschlossen.

2. Vormerkungswirkung, § 883 II 1 BGB

Etwas anderes könnte jedoch wegen der Sicherungswirkung der Vormerkung gelten, § 883 II 1 BGB. Wäre K nämlich Inhaber einer Vormerkung, die seinen Anspruch aus § 433 I BGB gegen V sichert, so wäre bei V Befugnis verblieben, das Grundstück an K aufzulassen.

V hat K eine Vormerkung bewilligt, § 885 BGB, die auch ins Grundbuch eingetragen wurde. Als Eigentümer des Grundstücks war V auch zur Bewilligung der Vormerkung berechtigt. Schließlich ist aufgrund der Akzessorietät der Vormerkung ein zu sichernder Anspruch erforderlich, der vorliegend in Form des Anspruchs des K gegen V auf Auflassung des Grundstücks aus § 433 I BGB besteht. Somit ist K Inhaber einer Vormerkung.

§ 883 II 1 BGB ordnet an, dass Verfügungen nach Eintragung der Vormerkung insoweit unwirksam sind, als sie den gesicherten Anspruch vereiteln oder beeinträchtigen. Die Auflassung des Grundstücks durch V an X stellt eine Verfügung dar; sie erfolgte nach Eintragung der Vormerkung zugunsten des K. Da V durch diese Verfügung sein Eigentum und damit die Möglichkeit, zugunsten des K über das Grundstück zu verfügen, verloren hat, vereitelt die Auflassung an X den Anspruch des K auf Auflassung, der durch Vormerkung gesichert ist. Daher tritt die Sicherungswirkung ein und V ist weiterhin in der Lage, zugunsten des K über das Grundstück zu verfügen, obschon er nicht mehr Eigentümer des Grundstücks ist, § 883 II 1 BGB.

III. Durchsetzbarkeit des Anspruchs

K kann von V Auflassung des Grundstücks Zug um Zug gegen Zahlung des Kaufpreises von 2 000 000 € verlangen, § 320 I BGB.

Frage 2: Eintragung des K ins Grundbuch

Um Eigentümer zu werden, muss K jedoch auch im Grundbuch eingetragen werden, § 873 BGB. Fraglich ist, wie dies geschehen kann, denn gegenwärtig ist X als Eigentümer eingetragen, der das Hausgrundstück nicht wieder hergeben möchte.

I. Antrag beim Grundbuchamt auf Eintragung als Eigentümer, § 13 GBO

K kann nach § 13 GBO einen Antrag beim Grundbuchamt stellen. Er muss dazu notariell beglaubigte, §§ 29f GBO, Unterlagen, die Einigung und Auflassung an ihn beinhalten, vorlegen, § 20 GBO. Eine einseitige Bewilligung des K nach § 19 GBO genügt nicht. Zudem muss jedoch eine Bewilligung des durch die Eintragung Betroffenen vorliegen. Betroffen ist nach § 39 I GBO derjenige, der voreingetragen ist und dessen Eintragung also durch die neue Eintragung gelöscht würde. Nachdem vorliegend nicht V sondern X im Grundbuch steht, genügt daher der Nachweis der Einigung mit V nicht. Das Grundbuchamt wird die Eintragung ablehnen.

II. Lösungsmöglichkeiten

1. Grundbuchberichtigung, § 894 BGB

Ein Anspruch des K gegen X auf Grundbuchberichtigung würde voraussetzen, dass das Grundbuch unrichtig ist, also tatsächliche Rechtslage und im Grundbuch ausgewiesene Rechtslage nicht übereinstimmen.

Im Grundbuch ist X als Eigentümer eingetragen. Tatsächlich ist er auch Eigentümer, denn V hat ihm das Grundstück aufgelassen, vgl. oben. Damit scheidet ein Anspruch aus § 894 BGB aus.

2. Anspruch aus § 888 BGB

Jedoch könnte K gegen X einen Anspruch auf Zustimmung des X zu seiner (des K) Eintragung ins Grundbuch haben, § 888 BGB. Es müsste eine Vormerkung vorliegen, deren Inhaber K ist. Dies ist, wie oben gezeigt, der Fall. Die Verfügung des V zugunsten des Anspruchsgegners X ist nach Maßgabe des § 883 II BGB unwirksam. Daher hat K gegen X Anspruch auf Erklärung der grundbuchrechtlichen Bewilligung nach § 19 GBO aus § 888 BGB. Im oben gezeigten Verfahren auf Antrag des K kann dieser daher sowohl die Einigungsunterlagen nach § 20 GBO vorlegen, als auch die Hindernisse der §§ 19, 39 GBO mit Hilfe der Bewilligung des X überwinden und gelangt so als Eigentümer ins Grundbuch.

Frage 3: Anspruch des K gegen V auf Zahlung von 100 000 €

Ein Anspruch des K gegen V auf Auskehrung des Mehrerlöses von 100 000 € könnte sich aus § 285 BGB ergeben, wenn es sich dabei um ein so genanntes stellvertretendes commodum handeln würde. Dafür müsste die Leistung, an deren Stelle das commodum getreten ist, unmöglich geworden sein, § 275 I BGB. Vorliegend konnte V jedoch wegen der Sicherungswirkung der Vormerkung, § 883 II BGB, weiterhin das Grundstück an K auflassen. K kann jedoch analog § 185 II BGB die vormerkungswidrige Verfügung des V zugunsten des X genehmigen, was zur Folge hat, dass anschließend dem V die Auflassung des Hausgrundstücks an K unmöglich ist, § 275 I BGB.

Jedoch erscheint fraglich, ob K das stellvertretende commodum auch dann verlangen kann, wenn er, wie vorliegend, die Unmöglichkeit durch seine Genehmigung selbst herbeigeführt hat. Nach zutreffender Auffassung genügt es im Rahmen des § 285 BGB jedoch, dass das Handeln des Schuldners, vorliegend also der Veräußerung des Hausgrundstücks durch V an den Dritterwerber X, mit ursächlich für den Eintritt der Unmöglichkeit und das Entstehen des Anspruchs auf das commodum geworden ist. Ein ungesicherter Auflassungsgläubiger kann ohne Weiteres das commodum ex negotiatione aus § 285 BGB verlangen; der vormerkungsgesicherte Käufer kann jedoch nicht schlechter stehen als der ungesicherte Käufer.

K kann gegen Zahlung des Kaufpreises von 2 000 000 €, zu der er weiterhin verpflichtet bleibt, § 326 III BGB, die von V erlösten 2 100 000 € herausverlangen und gelangt so an den Mehrerlös von 100 000 €.

Fall 6 ***

Becker (B) betreibt in Konstanz eine Ballettschule. Kindler (K) bewohnt das angrenzende Nachbargrundstück als dinglicher Nießbraucher. Unmittelbar an der Grundstücksgrenze befindet sich seine Terrasse. Durch Bescheid vom 19. November 2005 erteilte die Stadt Konstanz dem B die erforderliche Baugenehmigung zum Umbau und zur Nutzungsänderung des Souterrains (Ballettsaal). Die Genehmigung enthält unter anderem die folgende Auflage: „Die Fenster sind während der Übungsstunden grundsätzlich geschlossen zu halten." In beiden Genehmigungen ist ferner festgelegt, dass für den Einwirkungsbereich der Ballettschule der Immissionsrichtwert tagsüber (6 bis 22 Uhr) von 60 dB(A) und nachts (22 bis 6 Uhr) von 45 dB(A) nicht überschritten werden darf. Die Anfechtungsklage des K gegen die Genehmigung wurde rechtskräftig abgewiesen.

Daraufhin verklagte K am LG Konstanz B erfolglos auf Unterlassung der von der Ballettschule ausgehenden Störungen durch ganztägiges Geschlossenhalten der Fenster während der Übungsstunden. In der Berufung, in der K beantragte, B zu verurteilen die Fenster während der Übungsstunden geschlossen zu halten, unterlag er teilweise. Das OLG Freiburg verurteilte B dazu, die Fenster ab 19 Uhr zu schließen, wenn Musik im Ballettsaal läuft. Das OLG hat die Revision zugelassen, soweit es um die Frage der Bindungswirkung des Verwaltungsakts im Bereich des Zivilrechts geht. K legte nun frist- und formgerecht mit begründetem Schriftsatz Revision zum BGH ein und beantragte B zu verurteilen, die Fenster während der Übungsstunden geschlossen zu halten.

Ist die zulässige Revision begründet?

Hinweise:

1. *Auf § 22 BImSchG ist nicht einzugehen.*
2. *§ 14 der Landesbauordnung von Baden-Württemberg lautet:*
   (1) Geräusche, Erschütterungen oder Schwingungen, die von ortsfesten Einrichtungen in einer baulichen Anlage ausgehen, sind so zu dämmen, dass Gefahren sowie erhebliche Nachteile oder Belästigungen nicht entstehen.
   (2) Bauliche Anlagen sind so zu errichten, dass ein ihrer Nutzung entsprechender Wärme- und Schallschutz vorhanden ist.

Lösung

I. Vorüberlegungen

Die zulässige Revision ist begründet, wenn das Urteil des OLG Freiburg auf einer Verletzung revisiblen Rechts, also von Bundesrecht oder über einen OLG-Bezirk hinaus geltenden Rechts beruht, §§ 545, 546 ZPO. Fraglich ist vorliegend bereits, welche Art von Anspruch K geltend macht. Er beantragt zwar, die Fenster zu schließen, letztlich wird es ihm jedoch nicht darauf ankommen, dass B die Fenster schließt. Entscheidend ist für ihn vielmehr die Unterlassung der Luftschallimmissionen auf sein Grundstück. Er macht daher einen Unterlassungsanspruch geltend.

II. Unterlassungsanspruch des K gegen B aus §§ 1065, 1004 I 2 BGB

Damit die Revision begründet ist, müsste K gegen B einen Unterlassungsanspruch haben, der es ihm untersagt, den Luftschall auf sein Grundstück zu emittieren. Ein solcher Anspruch könnte sich für K als Nießbraucher aus §§ 1065, 1004 I 2 BGB ergeben; § 1065 BGB regelt, dass der Nießbrauchsberechtigte sich genauso wie ein Eigentümer gegen Störungen zur Wehr setzen kann. Ein Anspruch besteht, wenn folgende Voraussetzungen erfüllt sind:

1. Beeinträchtigung

Zunächst müsste eine Beeinträchtigung des Nießbrauchsrechts des K vorliegen. Eine Beeinträchtigung liegt bei Einwirkungen auf das Grundstück vor, die sich auf menschliche Verantwortlichkeit zurückführen lassen und nicht lediglich ideelle Einwirkungen oder sogenannte negative Einwirkungen darstellen. Lärm und Schall sind nach diesem Maßstab Beeinträchtigungen des Nießbrauchsrechts, denn sie sind auf menschliches Handeln zurückzuführen. Lärm ist auch eine andere Beeinträchtigung als Entzug oder Vorenthaltung des Besitzes, wie es § 1004 I BGB fordert.

2. Störereigenschaft des B

Schuldner des Anspruchs ist der Störer, also derjenige, der die Beeinträchtigung adäquat kausal (mit-)verursacht hat. Dabei unterscheidet man zwischen Handlungs- und Zustandsstörern. Da B hier die Störung durch sein Handeln verursacht, weil er die Musik im Ballettsaal abspielt, ist er Handlungsstörer.

3. Wiederholungsgefahr

Ein Unterlassungsanspruch aus § 1004 I 2 BGB erfordert außerdem, dass weitere Beeinträchtigungen zu besorgen sind. Daher müssen Tatsachen vorliegen, die den Schluss zulassen, dass eine Wiederholung wahrscheinlich ist. Da das OLG Freiburg als Berufungsgericht B dazu verurteilte, die Fenster ab 19 Uhr zu schließen, ist es davon ausgegangen, dass Wiederholungsgefahr besteht. Der BGH ist an diese Tatsachenfeststellung nach § 559 ZPO gebunden.

4. Keine Duldungspflicht des Beeinträchtigten

Der Anspruch aus § 1004 I 2 BGB setzt weiter als negatives Tatbestandsmerkmal voraus, dass der Beeinträchtigte (K) nicht verpflichtet ist, die Beeinträchtigung zu dulden, § 1004 II BGB. Eine Duldungspflicht kann sich unter Nachbarn insbesondere aus § 906 BGB ergeben. Hiernach kann K die Immissionen des B nicht abwehren, soweit diese unwesentlich sind, § 906 I 1 BGB. Hier kommt es insbesondere auf Lautstärke, Dauer und Häufigkeit der Musik an. Das OLG Freiburg war offensichtlich der Auffassung, dass jedenfalls vor 19 Uhr die Musik eine lediglich unwesentliche Beeinträchtigung darstellt. Insofern ist der BGH hieran wiederum nach § 559 ZPO gebunden.

5. Ergebnis

Ein Anspruch aus § 1004 I 2 BGB, die Fenster vor 19 Uhr geschlossen zu halten, besteht daher nicht.

III. Unterlassungsanspruch aus §§ 1004, 12, 861, 823 BGB analog i.V.m. § 14 Landesbauordnung Baden-Württemberg und den Auflagen der Baugenehmigung

Neben dem Unterlassungsanspruch aus § 1004 BGB ist nach gängiger Auffassung der aus einer Gesamtanalogie zu §§ 1004, 12, 861 BGB gewonnene quasi-negatorische Unterlassungsanspruch anerkannt, der alle durch § 823 BGB geschützten Rechtsgüter umfasst. Hintergrund dieses Anspruchs ist die einleuchtende Erwägung, dass es besser sei, „Schaden zu verhüten als Schaden zu vergüten". Insofern könnte K hier einen solchen Anspruch aufgrund der Verletzung des § 14 Landesbauordnung haben, wenn es sich bei dieser Norm um ein Schutzgesetz im Sinne des § 823 II BGB handelt.

1. Schutzgesetz

Eine Norm ist dann Schutzgesetz, wenn sie nicht nur den Schutz der Allgemeinheit, sondern den Schutz der Rechtsgüter und Interessen Einzelner bezweckt. Davon kann bei einer derartigen Norm ausgegangen werden.

2. Verletzung der Schutznorm

Die Schutznorm, konkretisiert durch die in der Baugenehmigung enthaltene Auflage, wurde verletzt, so dass der quasi-negatorische Unterlassungsanspruch gegeben ist. Allerdings stellt sich die Frage, inwieweit Zivilgerichte an Verwaltungsakte gebunden sind. Unstreitig gebunden sind sie an rechtsgestaltende Verwaltungsakte. Bindungswirkung entfalten außerdem Verwaltungsakte, die vom Gesetzgeber explizit mit einer solchen Wirkung ausgestattet wurden, wie der Planfeststellungsbeschluss, § 75 II 1 VwVfG.

Die Baugenehmigung und mit ihr erlassene Auflagen sind jedoch nicht rechtsgestaltende, sondern lediglich gestattende Verwaltungsakte, die das Bebauungsverbot des BauGB aufheben. Es ist kein zivilrechtlich anzuerkennendes Recht ersichtlich, das von der Auflage gestaltet würde. Darüber hinaus verändert eine Auflage nicht die gestattete Bebauung, sondern tritt als selbstständiger Verwaltungsakt neben sie und ist als solcher auch einzeln durchsetzbar. Im Gegensatz zur Bedingung entfällt bei Missachtung der Auflage die Gestattung durch die Baugenehmigung gerade nicht (a.A. vertretbar).

Damit können die Zivilgerichte von der Konkretisierung des § 14 Landesbauordnung durch die Stadt Konstanz abweichen und müssen selbst prüfen, ob die Voraussetzungen der öffentlich-rechtlichen Schutznorm vorliegen. § 14 fordert, dass erhebliche Belästigungen nicht entstehen dürfen. Da das OLG Freiburg im Rahmen des § 906 BGB bereits über die Erheblichkeit der Immissionen entschieden und Immissionen vor 19 Uhr für unerheblich gehalten hat, ist der BGH hieran auch beim quasi-negatorischen Anspruch gebunden, § 559 ZPO. § 906 BGB hingegen ist im Rahmen des quasi-negatorischen Anspruchs nicht zu prüfen, da er lediglich für das nachbarrechtliche Verhältnis im Rahmen des § 1004 BGB Anwendung findet und die Schutznorm die konkretere Norm ist, deren Schutzvoraussetzungen nicht durch § 906 BGB unterlaufen werden dürfen.

3. Ergebnis

Die Schutznorm § 14 Landesbauordnung ist somit nicht verletzt und ein Anspruch aus quasi-negatorischem Unterlassungsanspruch besteht nicht für Musik im Ballettsaal vor 19 Uhr.

Fall 7 **

Abelmann (A) hat ein kleines Bauunternehmen, das in letzter Zeit sehr schlecht läuft. Umso mehr ärgerte er sich, als eines Morgens sein Bagger nach einigen verdächtigen Motorgeräuschen den Geist aufgab. Fluchend brachte er die Maschine zu Berger (B), der eine Werkstatt betreibt und Baumaschinen vermietet. Da A bei B Stammkunde ist und B um die wirtschaftliche Lage des A wusste, versprach er, den Bagger so schnell wie möglich zu reparieren.

Als der Bagger eine Woche später fertig war, versuchte B an den folgenden Tagen mehrmals vergeblich, den A zu erreichen. B vermutete daraufhin, dass A wohl nicht in der Lage sei, die Rechnung zu bezahlen. Seine Vermutung bestätigte sich, als er von einem anderen Kunden erfuhr, dass A sein Unternehmen wohl aufgeben werde. Kurz darauf betrat Carolsfeld (C) die Werkstatt, der einen Bagger mieten wollte, um einen großen Teich auf seinem Grundstück anzulegen. Als B ihm gerade mit Bedauern mitteilen wollte, dass derzeit alle Bagger vermietet sind, kam ihm eine Idee: Solange A zahlungsunfähig ist, könnte C doch dessen Bagger benutzen. A werde sicher nichts dagegen haben, weil er sich dadurch die Stellplatzkosten spare und mit den Mieteinnahmen einen Teil seiner Rechnung begleichen könne. C, den B an seinen Überlegungen teilhaben ließ, sah das genauso und nahm den Bagger mit.

Bereits kurz nach Beginn der Aushubarbeiten kam es wegen schlampiger Reparaturarbeiten bei B zu einem Kurzschluss in der Elektrik des Baggers. Der Bagger brannte daraufhin völlig aus. Zu allem Überfluss meldete sich zwei Tage später der Eigentümer Eisele (E), dem der Bagger vor einigen Monaten von unbekannten Dieben gestohlen worden war.

Hat E wegen des zerstörten Baggers Schadensersatzansprüche gegen C oder B?

Lösung

A. Schadensersatzansprüche E gegen C

I. §§ 989, 990 BGB

E könnte gegen C einen Schadensersatzanspruch aus §§ 989, 990 BGB haben.

1. Vindikationslage im Zeitpunkt der schädigenden Handlung

Dazu müsste zum Zeitpunkt der Zerstörung des Baggers eine Vindikationslage bestanden haben, also E Eigentümer und C nicht berechtigter Besitzer des Baggers gewesen sein.

a) E = Eigentümer

E war ursprünglich Eigentümer des Baggers. Der Sachverhalt macht keine genauen Angaben darüber, von wem A den Bagger letztlich erworben hat. E kann das Eigentum aber weder durch den Diebstahl, noch durch eine Weiterveräußerung des Baggers verloren haben, § 935 BGB.

b) C = Besitzer ohne Recht zum Besitz

Im Zeitpunkt der Zerstörung des Baggers war C Besitzer des Baggers. Fraglich ist, ob er ein Recht zum Besitz hatte. Ein Recht zum Besitz könnte sich aus dem Mietvertrag mit B ergeben. Allerdings kann der Mietvertrag C nur ein Recht zum Besitz gegenüber dem Vermieter B, nicht aber gegenüber dem Eigentümer E geben. Nachdem auch C nicht wiederum ein schuldrechtliches Recht zum Besitz gegenüber E hatte, kann ein Recht zum Besitz des C gegenüber E auch nicht über eine Besitzrechtskette hergeleitet werden.

Allerdings könnte B ein Recht zum Besitz aus Werkunternehmerpfandrecht, § 647 BGB, haben. Jedoch war der Werkbesteller A nicht Eigentümer des Baggers und ein gesetzliches Werkunternehmerpfandrecht entsteht nur an „Sachen des Bestellers", § 647 BGB, und kann nicht gutgläubig an Sachen erworben werden, die nicht im Eigentum des Werkbestellers stehen. Auch wenn man der Gegenauffassung folgt, würde das am Ergebnis nichts ändern, weil das Pfandrecht den B nicht zur Vermietung berechtigen würde. Deshalb muss die Frage, ob ein Pfandrecht nach § 647 BGB gutgläubig erworben werden kann, nicht entschieden werden. Somit hatte C im Zeitpunkt der Zerstörung des Baggers kein Recht zum Besitz des Baggers.

2. Bösgläubigkeit des C

Der nicht berechtigte Besitzer ist nur dann Schadensersatzansprüchen des Eigentümers ausgesetzt, wenn er im Zeitpunkt des schädigenden Ereignisses, vorliegend also der Zerstörung des Baggers, nicht gutgläubig im Hinblick auf sein Recht zum Besitz war. Zu prüfen ist also, ob Anhaltspunkte dafür vorliegen, dass C nicht an ein Recht zum Besitz des Baggers glauben durfte.

Vorliegend ist C davon ausgegangen, dass nicht E, sondern A Eigentümer des Baggers sei. Allerdings hat er den Bagger auch nicht von A, sondern von B erhalten. Möglicherweise konnte er jedoch davon ausgehen, dass B als berechtigter Geschäftsführer ohne Auftrag handelt. Unterstellt, A sei Eigentümer, war die Vermietung für B ein objektiv fremdes Geschäft, denn es ist dem vermeintlichen Eigentümer A zugewiesen, die Sache zu vermieten. B hatte Fremdgeschäftsführungswillen, denn er wollte zum Wohl des A handeln, indem er ihm Kosten sparen und Einnahmen erzielen half. Eine anderweitige Berechtigung des B gegenüber A ist nicht ersichtlich, so dass er ohne Auftrag handelte. Schließlich handelte B im Interesse und im Einklang mit dem mutmaßlichen Willen des vermeintlichen Eigentümers A. Wäre A, wie C annehmen durfte, also tatsächlich Eigentümer, so hätte C ein Recht zum Besitz des Baggers gehabt. Anhaltspunkte für eine Bösgläubigkeit des C sind somit nicht ersichtlich.

3. Ergebnis

Ein Schadensersatzanspruch des E gegen C aus §§ 989, 990 BGB scheidet damit aus.

II. § 823 I BGB

Deliktische Ansprüche scheiden aus, weil das Eigentümer-Besitzer-Verhältnis vor allem den gutgläubigen Besitzer privilegieren will und deshalb eine Anwendung des Deliktsrechts ausschließt, vgl. § 993 I BGB.

III. Ergebnis

Ansprüche des E gegen C bestehen somit nicht.

B. Schadensersatzansprüche E gegen B

I. §§ 989, 990 BGB

E könnte gegen B einen Schadensersatzanspruch aus §§ 989, 990 BGB haben.

1. Vindikationslage im Zeitpunkt der schädigenden Handlung

Dazu müsste zum Zeitpunkt der Zerstörung des Baggers eine Vindikationslage bestanden haben, also E Eigentümer und B nicht berechtigter Besitzer des Baggers gewesen sein. E war zu diesem Zeitpunkt Eigentümer, B war als Vermieter des Baggers mittelbarer Besitzer, vgl. § 868 BGB. Fraglich ist, ob er ein Recht zum Besitz hatte. Der Werkvertrag mit A kann ihm nur ein Besitzrecht gegenüber A gewähren, der wiederum kein Recht zum Besitz gegenüber E hatte, so dass eine Besitzrechtskette nicht besteht. Ein Werkunternehmerpfandrecht, das ein Recht zum Besitz begründen könnte, stand B nicht zu.

2. Bösgläubigkeit des B

B ist vorliegend davon ausgegangen, mit dem Eigentümer des Baggers einen Werkvertrag über dessen Reparatur geschlossen zu haben, weil er A für den Eigentümer halten musste. Als Werkunternehmer, der mit dem Eigentümer kontrahiert hat, wäre er in der Tat zum Besitz berechtigt, als berechtiger Geschäftsführer ohne Auftrag auch zur Vermietung, also zur Aufgabe des unmittelbaren Besitzes. Deshalb sind keine Anzeichen für eine Bösgläubigkeit des B ersichtlich und ein Anspruch aus §§ 989, 990 BGB besteht nicht.

II. § 991 II BGB

In Betracht kommt jedoch ein Schadensersatzanspruch aus § 991 II BGB. Er gewährt dem Eigentümer gegen den Besitzer einen Schadensersatzanspruch in dem Umfang, in dem der Besitzer demjenigen, dem er den Besitz mittelt, verantwortlich wäre.

1. Besitzverhältnisse

Vorliegend war C zum Zeitpunkt der Zerstörung des Baggers unmittelbarer Besitzer, B war als Vermieter mittelbarer Besitzer, hat aber wiederum dem Werkbesteller A als mittelbarem Besitzer zweiter Stufe den Besitz gemittelt.

2. Schadensersatzanspruch A gegen B

Könnte A nun als mittelbarer Besitzer von B, der ihm den Besitz gemittelt hat, Schadensersatz wegen des zerstörten Baggers verlangen, so könnte dies auch E. In Betracht kommt ein Anspruch aus §§ 631, 634 Nr. 4, 280 I, III, 283 BGB. Zwischen A und B besteht ein Schuldverhältnis in Form des Werkvertrags über die Reparatur des Baggers. B hat die Pflicht des Werkunternehmers, den zu reparierenden Gegenstand an den Werkbesteller A zurückzugeben, verletzt, in dem er sich die Erfüllung dieser Pflicht unmöglich gemacht hat, § 275 I BGB, hat er doch durch die unsachgemäße Reparatur des Baggers dessen Zerstörung verursacht. Das Vertretenmüssen des B wird vermutet, § 280 I 2 BGB; diese Vermutung kann der schlampige B nicht widerlegen. A kann also den Wert des Baggers vor Zerstörung als Schadensersatz in Geld verlangen, § 251 I BGB.

3. Rechtsfolge

§ 991 II BGB ordnet an, dass der Eigentümer, hier E, einen Anspruch gegen den Besitzer, hier B, in gleicher Höhe hat.

III. § 823 I BGB

In Betracht kommt schließlich auch ein Schadensersatzanspruch aus § 823 I BGB.

1. Anwendbarkeit

Zu prüfen ist zunächst, ob die Anwendung des Deliktsrechts nicht wegen der Sperrwirkung des Eigentümer-Besitzer-Verhältnisses, die in § 993 I BGB zum Ausdruck kommt, ausgeschlossen ist.

In Fällen des Fremdbesitzerexzesses ist jedoch eine Durchbrechung der Sperrwirkung anerkannt. Mit dem Exzess des Fremdbesitzers ist gemeint, das der Besitzer, hier B, die Grenzen seines vermeintlich bestehenden Besitzrechts überschreitet.

B ging davon aus, sein Besitzrecht aus einem Werkvertrag mit A herzuleiten. Hat er die Grenzen dieses vermeintlichen Besitzrechts überschritten, so soll er haften, weil er sich an die Grenzen des vermeintlichen Besitzrechts halten muss, wenn er sich für den Ausschluss von Ansprüchen aus §§ 989, 990 BGB auf dieses vorgestellte Besitzrecht beruft. Als Werkvertragspartner des Eigentümers, und dafür hat B sich gehalten, hätte B für die Zerstörung des Baggers unter anderem aus § 823 I BGB gehaftet. Beruft er sich für den Ausschluss von Ansprüchen aus §§ 989, 990 BGB auf seine Annahme, mit dem Eigentümer kontrahiert zu haben, so muss er auch ansonsten so gestellt werden, als träfe seine Annahme zu. §§ 823 ff BGB sind deshalb anwendbar.

2. Anspruch aus § 823 I BGB

Das Eigentum des E am Bagger wurde durch dessen Zerstörung verletzt. Diese Verletzung wurde durch eine Handlung des B, die unsachgemäße Reparatur, verursacht. Die Rechtswidrigkeit wird indiziert. B hat schlampig gearbeitet, also die üblichen Sorgfaltsmaßstäbe nicht beachtet; somit ist ihm ein Fahrlässigkeitsvorwurf zu machen. Die Eigentumsverletzung hat zu einem Schaden bei E geführt, der den Zeitwert des Baggers ersetzt verlangen kann, § 251 I BGB.

3. Ergebnis

E hat somit auch einen Schadensersatzanspruch aus § 823 I BGB gegen B.

Fall 8 ***

Anlässlich seiner Hochzeit sah der Architekt Steffen Schmieder (S) die Zeit gekommen, sich häuslich niederzulassen. Er nahm daher mit der Immobilienfirma Bodensee-Immobilien (I) Kontakt auf. Der Angestellte Artur Adler (A) stellte ihm eine Vielzahl hochwertiger Objekte vor, so dass S schnell fündig wurde: Ihn überzeugte ein unbebautes, schön gelegenes Hausgrundstück für 200 000 €. Mit A besprach er auch seine, als freischaffender Architekt nicht immer rosige, finanzielle Situation, so dass A und S vereinbarten, dass S den Kaufpreis in mehreren Raten bezahlen und zur Sicherung des Kaufpreisanspruchs eine Grundschuld in Höhe von 200 000 € auf das Grundstück eingetragen werden soll. Kurze Zeit später wurde nach dem Notartermin S als Eigentümer des Grundstücks im Grundbuch eingetragen; einige Tage später erfolgte die Eintragung der Grundschuld zugunsten der I.

Inzwischen hatte S bereits die Planung seines Hauses fertiggestellt und beauftragte verschiedene Unternehmer, darunter Beate Boller (B), deren Firma die Betongussarbeiten durchführen sollte, mit der Errichtung des Hauses. Angesichts der Extravaganzen des S, der sein Traumhaus errichten wollte, zog sich die Bauphase mehr und mehr in die Länge. Auch die finanziellen Ressourcen des S wurden immer knapper. Eines Tages wurde B unfreiwillig Zeugin einer heftigen

Auseinandersetzung der Eheleute S um die finanzielle Misere, bei der Frau S ihrem Mann vorwarf, er werde beide in den Ruin stürzen. B, die daraufhin um ihre Ansprüche gegen S fürchtete, begab sich zu ihrem Hausanwalt Hugo Hammer (H) weil sie wissen möchte, welche Möglichkeiten sie zur Sicherung ihrer Forderungen habe.

Frage 1: Was wird H raten?

S hielt zwar in der Folge die Finanzierung der Bauarbeiten durch, jedoch ist seine Ehe angesichts der finanziellen Turbulenzen, die durchzustehen waren, zerrüttet. Alleine wollte er aber nicht in seinem neuen Haus leben, das er für eine große Familie geplant hatte, und verkaufte es an den betagten Edwin Edel (E). Beide einigten sich darauf, dass die Grundschuld der I auf den Kaufpreis angerechnet wird und gingen zum Notar. Nach seiner Eintragung als Eigentümer entschloss sich E, vor seinem Einzug in das Haus noch einen Pool anlegen zu lassen. Dabei stellte sich heraus, dass das tiefer gelegene Erdreich mit Altlasten verunreinigt ist, so dass E keinen Pool anlegen kann. Dieser Umstand war A bekannt gewesen, er hatte ihn jedoch bewusst nicht in den Akten vermerkt, um keine Beweismittel zu schaffen. Ein von E beauftragter Sachverständiger kam zu dem Ergebnis, dass eine Altlastenbeseitigung mehrere Millionen Euro kosten würde, von den Altlasten aber keine Gefahren ausgehen, solange man sie „in Ruhe lässt". E konnte also unter Verzicht auf den Pool das Haus weiterhin nutzen. E wendete sich daraufhin an seine Nichte Nina Nimmer (N), die Jura studiert und seit kurzem „scheinfrei" ist, und fragte, welche Handlungsmöglichkeiten er habe. Dabei stellte er klar, dass er angesichts seines Alters nicht noch umziehen wolle und bereit sei, auf einen eigenen Pool zu verzichten. Allerdings besteht das Problem, dass S, der sich vor einigen Monaten für unbestimmte Zeit auf einen Selbsterfahrungstrip nach Kambodscha begeben hat, seine Ratenzahlungen an I eingestellt hat und nicht erreichbar ist, so dass I die Zwangsvollstreckung androht.

Frage 2: Welche Möglichkeiten hat E angesichts der drohenden Zwangsvollstreckung durch I?

Lösung

Frage 1: Ansprüche der B

A. Anspruch auf Gewährung einer Sicherungshypothek, § 648 I BGB

Möglicherweise hat B einen Anspruch auf Gewährung einer Sicherungshypothek gegen S. Dazu müsste zwischen B und S ein Werkvertrag bestehen. B hat sich verpflichtet, gegen Entlohnung die Betongussarbeiten beim Hausbau des S nach dessen Plänen durchzuführen. Sie schuldet die Erzielung eines bestimmten Erfolges, nämlich das Betonieren nach den Plänen des S. Damit besteht zwischen B und S ein Werkvertrag. Bei den Betongussarbeiten handelt es sich um Teile eines Bauwerks. B kann für ihre Forderungen aus dem Werkvertrag deshalb die Einräumung einer Sicherungshypothek an dem Baugrundstück des S verlangen, § 648 I BGB.

Bei der Sicherungshypothek handelt es sich nicht um eine Kraft Gesetzes entstehende Hypothek, sondern die Hypothek muss rechtsgeschäftlich bestellt werden. Verweigert S die Bestellung, muss B Leistungsklage erheben. Die für die Bestellung der Hypothek notwendigen Erklärungen des S werden durch das rechtskräftige Leistungsurteil fingiert, § 894 ZPO. Weil bis zur Rechtskraft eines Urteils sehr viel Zeit vergehen kann, sollte B die Eintragung der Bauhandwerkersicherungshypothek durch Eintragung einer rangwahrenden Vormerkung absichern lassen, § 885 I 1 BGB, die sie durch einstweilige Verfügung erwirken kann.

B. Anspruch auf Sicherheitsleistung, § 648a BGB

Vorliegend ist dieser Anspruch allerdings, wie vielfach, praktisch wertlos, weil der Bauherr zur Sicherung der Finanzierung seines Vorhabens das Grundstück bereits mit einer vorrangigen Grundschuld belastet hat, die den gesamten Grundstückswert umfasst. Deshalb kann der Werkunternehmer auch Sicherheitsleistung verlangen, §§ 648a, 232ff BGB. Dabei handelt es sich aber nicht um einen durchsetzbaren Anspruch. Vielmehr steht dem Werkunternehmer bei Ausbleiben der Sicherheitsleistung trotz Fristsetzung lediglich seinerseits ein Leistungsverweigerungsrecht zu. Nach erneuter vergeblicher Fristsetzung mit Kündigungsandrohung gilt der Werkvertrag als aufgehoben, §§ 648a IV, 643 Satz 2 BGB.

Frage 2: Rechte des E

E muss den noch offenen Betrag der Kaufpreisforderung I gegen S an I bezahlen, wenn er die Zwangsvollstreckung in sein Grundstück abwenden möchte. Das ist freilich nur dann der Fall, wenn er die Zwangsvollstreckung überhaupt dulden muss, §§ 1192 I, 1147 BGB. Das ist dann der Fall, wenn I eine Grundschuld am Grundstück des E hat.

I. Bestehen der Grundschuld

Zunächst hat S an seinem Grundstück eine Grundschuld für I bestellt, §§ 1191, 873 BGB. Anschließend hat S das Grundstück wirksam an E aufgelassen, §§ 873, 925 BGB. Die Grundschuld nimmt dem Eigentümer S nicht die Verfügungsberechtigung; vielmehr erwirbt der Erwerber E Grundstückseigentum belastet mit einer Grundschuld. Somit besteht eine Grundschuld der I am Grundstück des E, der die Zwangsvollstreckung deshalb dulden müsste, §§ 1192 I, 1147 BGB.

II. Einreden des E

1. § 1137 BGB

Möglicherweise stehen E gegen die Zwangsvollstreckung Einreden zu. In Betracht kommen Einreden, die dem persönlichen Schuldner S gegen die gesicherte Forderung der I zustehen, § 1137 BGB, und sich aus der Belastung des Grundstücks mit Altlasten ergeben könnten. Dazu müsste § 1137 BGB jedoch auf die Grundschuld anwendbar sein, § 1192 I BGB. § 1137 BGB beruht auf der Akzessorietät zwischen Hypothek und Forderung, indem diese Norm Einreden gegen die Forderung auf die Hypothek erstreckt und auf diese Weise einen Gleichlauf zwischen Forderung und Hypothek auch bei den Einreden herstellt. Deshalb ist § 1137 BGB bei der nicht akzessorischen Grundschuld nicht anzuwenden.

2. Sicherungsvertrag

a) Übergang der Rechte auf E, § 398 BGB

Fraglich ist, ob sich E nicht trotzdem auf Einreden berufen kann, die S gegen I geltend machen konnte. Vorliegend handelt es sich um eine Grundschuld zur Sicherung einer bestimmten Forderung der I gegen S. Der Grundschuldbestellung liegt eine Sicherungsabrede zugrunde, die auf schuldrechtlicher Ebene eine Verknüpfung von Forderung und Grundschuld herstellt. S hätte sich deshalb gegenüber einem Anspruch der I aus §§ 1192 I, 1147 BGB beispielsweise darauf berufen können, dass die gesicherte Forderung, etwa infolge einer Anfechtung des Kaufvertrags, § 142 I BGB, niemals entstanden sei. Allerdings ist nunmehr E, der nicht mit I durch eine Sicherungsabrede verbunden ist, Eigentümer des belasteten Grundstücks. Eine Abtretung des Rechts aus Sicherungsvertrag durch S an E würde dem E derartige Einreden ermöglichen. Eine solche Abtretung ist zwar nicht ausdrücklich erfolgt. Für den Fall, dass, wie vorliegend E, ein Grundstückskäufer in Anrechnung auf den Kaufpreis ein grundschuldgesichertes Darlehen übernimmt, ist aber von einer stillschweigenden Abtretung auszugehen, § 398 BGB.

b) Teilweise Erfüllung

S, der schon einen Teil der Kaufpreisschuld getilgt hat, könnte sich darauf berufen, dass in dieser Höhe ein Befriedigungsrecht der I aus dem Grundstück nicht besteht, sondern er vielmehr ein Recht auf Rückübertragung der Grundschuld in diesem Umfang habe. Diesen Umstand kann auch E der I gegenüber ihrem Anspruch auf Duldung der Zwangsvollstreckung entgegenhalten. Um die Zwangsvollstreckung abzuwenden, müsste E dann nur noch den Kaufpreisrest an I bezahlen.

c) Minderungseinrede

In Betracht käme außerdem eine Einrede wegen eines Sachmangels des Grundstücks, §§ 433 I, 434, 437 Nr. 2 Alt. 2, 441 I BGB. Ein formwirksamer Kaufvertrag über das Grundstück zwischen I und S besteht, §§ 433, 311b I BGB. Das mit Altlasten kontaminierte Grundstück hat bereits bei Gefahrübergang nicht die Beschaffenheit aufgewiesen, die man üblicherweise von einem Baugrundstück erwarten kann, und war deshalb mangelhaft, § 434 I 2 Nr. 2 BGB. Allerdings ist der Vorrang der Nacherfüllung zu beachten. Nachlieferung eines anderen Grundstücks kommt jedoch nicht in Betracht, § 275 I BGB, denn die Parteien haben das Grundstück nicht als austauschbar angesehen. Nachbesserung in Form der Beseitigung der Kontaminierung ist zwar möglich; hier wird sich I aber mit Erfolg auf Unverhältnismäßigkeit berufen können, wenn bei einem Grundstück, das 200 000 € wert ist, die Beseitigung der Altlasten mehrere Millionen Euro kosten würde, § 439 III BGB. Damit konnte S und kann nach Abtretung E sich darauf berufen, dass S ein Erstattungsanspruch aus § 441 IV BGB gegen I zustünde, wenn er bereits den gesamten Kaufpreis bezahlt hätte. Wenn er – wie vorliegend – noch nicht bezahlt hat, kann er den Kaufpreis mindern, dem Zahlungsverlangen also eine entsprechende Einrede entgegenhalten. Um die Zwangsvollstreckung abzuwenden, müsste E dann gegebenenfalls nur noch einen geringen Kaufpreisrest an I bezahlen.

d) Einrede wegen Bestehen eines Anfechtungsrechts

Möglicherweise kann E eine Einrede auch daraus herleiten, dass S den Kaufvertrag mit I über das Grundstück anfechten könnte. In Betracht käme eine Anfechtung wegen arglistiger Täuschung, die auch neben dem Sachmängelrecht Anwendung finden kann. A hat S die Altlastenverseuchung, obschon er eine entsprechende Aufklärungspflicht hatte, weil eine Mitteilung über einen für die Kaufentscheidung derartig entscheidenden Umstand durch den Verkäufer, der über einen Wissensvorsprung verfügt, geboten ist, verschwiegen. Diese Täuschung durch Unterlassen hat den Irrtum bei S aufrechterhalten, mit dem Grundstück sei im großen und ganzen alles in Ordnung und S deshalb zur Abgabe seiner Willenserklärung bewegt. Schließlich müsste A arglistig, also mit Vorsatz bezüglich aller Merkmale des objektiven Tatbestands, gehandelt haben. Davon ist angesichts des planmäßigen Vorgehens des A auszugehen. I muss sich das Handeln des A, der nicht Dritter im Sinne des § 123 II BGB, sondern Hilfsperson der I ist, zurechnen lassen.

Damit besteht ein Anfechtungsrecht des S, dessen Ausübung dazu führen würde, dass der Kaufpreisanspruch der I gegen S als von der Grundschuld gesicherter Forderung niemals entstanden ist. Fraglich ist jedoch, welche Möglichkeiten dieser Umstand für E eröffnet. E selbst kann dieses Anfechtungsrecht nicht ausüben, denn es leitet sich aus dem Kaufvertrag und nicht aus dem Sicherungsvertrag, her, so dass E dieses Anfechtungsrecht nicht von S erworben hat. Würde S anfechten, so ergäbe sich jedoch aus dem Sicherungsvertrag eine Einrede gegen die Duldung der Zwangsvollstreckung, weil die gesicherte Forderung nicht entstanden ist. Vor Ausübung des Anfechtungsrecht durch den unauffindbaren S hingegen besteht die durch die Grundschuld gesicherte Forderung. Allerdings ergibt sich auch in diesem Fall eine Einrede des E aus Sicherungsvertrag, denn es wäre treuwidrig, § 242 BGB, wenn I Duldung der Zwangsvollstreckung verlangt, obschon die gesicherte Forderung wegen einer ihm zurechenbaren arglistigen Täuschung durch Anfechtung jederzeit vernichtet werden kann (a.A. vertretbar).

III. Ergebnis

Damit kann I von E nicht Duldung der Zwangvollstreckung, § 1147 BGB, verlangen.

Fall 9 **

Um ihre Karriere als Bauchtanzlehrerin zu forcieren, wollte Annegret (A) sich ein eigenes Tanzstudio einrichten. Da sie das dazu benötigte Geld nicht aufbringen konnte, fragte sie bei der Bayerischen Hypotheken- und Wechselbank (B) nach einem Darlehen. Dort erklärte man sich bereit, A ein Darlehen in Höhe von 100 000 € zu gewähren, falls sie in der Lage sei, entsprechende Grundsicherheiten zu bestellen. A selbst besaß keine Grundstücke und bat deshalb ihren Onkel Yves (Y), sein Wochenendgrundstück mit einer entsprechenden Hypothek zu belasten. Bei der Eintragung der Hypothek trug der unkonzentrierte Grundbuchbeamte jedoch 110 000 € anstelle der vereinbarten 100 000 € ein. Außerdem hatten Y und B eine Buchhypothek vereinbart, aber der Beamte vergaß den Eintrag des Briefausschlusses. Erst einige Tage später fiel ihm dieser Fehler auf und er setzte der Eintragung den Hinweis „ohne Brief" einfach hinzu.

Weil B „auf Nummer sicher gehen" wollte, forderte sie eine weitere Sicherheit von A, die schließlich ihren naiven Nachbarn Xaver (X) überreden konnte, in Höhe von 100 000 € für sie zu bürgen. X dachte, das sei angesichts der Hypothek am Grundstück des Y sowieso nur reine Formsache. Tags darauf verbürgte sich X schriftlich in Höhe von 100 000 € für die Forderung der B gegen A.

Als A bei Fälligkeit des Darlehens nicht zahlen konnte, verlangte B das Geld von Y, der jetzt wissen will

A. Ob er wirklich zahlen muss?
B. Ob er gegebenenfalls das Geld von X zurückfordern kann?

Lösung

A. Anspruch B gegen Y aus § 1147 BGB

B könnte gegen Y einen Anspruch auf Duldung der Zwangsvollstreckung aus § 1147 BGB haben.

I. Einigung

Dazu müsste B eine Hypothek am Grundstück des Y haben, § 1113 BGB. Y und B haben sich über die Bestellung einer Hypothek am Grundstück des Y geeinigt, §§ 873 I, 1113 BGB.

II. Eintragung

Außerdem müsste die Hypothek im Grundbuch eingetragen worden sein.

1. 110 000 € statt 100 000 €

Vorliegend besteht das Problem, dass im Grundbuch erstens eine Hypothek in Höhe von 110 000 € eingetragen wurde, während sich Y und B über einen Betrag von

100 000 € geeinigt haben. Außerdem wurde der Briefausschluss nicht eingetragen, obschon Y und B sich über eine Buchhypothek geeinigt hatten. Einigung und Eintragung stimmen also nicht überein. Bezüglich der Abweichung in der Summe, die durch eine Unachtsamkeit des Grundbuchbeamten zustande gekommen ist, erscheint es jedoch nicht erforderlich, eine Nichtigkeit der Hypothek anzunehmen. Der Rechtsverkehr ist durch die sogar überschießende Grundbucheintragung in ausreichendem Maße informiert, so dass in Fällen, in denen die Eintragung über die Einigung hinausgeht, die dingliche Rechtsänderung insoweit eintritt, als Einigung und Eintragung sich decken, also vorliegend in Höhe von 100 000 €.

2. Briefhypothek statt Buchhypothek

Allerdings wurde auch der Ausschluss der Brieferteilung nicht im Grundbuch eingetragen. In diesem Fall entsteht ein Briefrecht, weil ein Buchrecht über die Eintragung hinausgehen würde und deshalb eine Irreführung des Rechtsverkehrs zur Folge hätte. War die Ausschließung wie vorliegend bewilligt und beantragt, so kann das Grundbuchamt die Eintragung nachholen, so dass dann eine Buchhypothek entsteht.

III. Berechtigung, Forderung

Damit ist B Inhaberin einer Buchhypothek in Höhe von 100 000 € am Grundstück des Y geworden, denn Y war als Eigentümer zur Bestellung der Hypothek berechtigt. Die zukünftige, § 1113 II BGB, Darlehensforderung B gegen A wird durch die Hypothek gesichert, so dass auch diese Entstehungsvoraussetzung der akzessorischen Hypothek erfüllt ist. Damit kann B von Y Duldung der Zwangsvollstreckung verlangen, § 1147 BGB, was Y durch Bezahlung des entsprechenden Geldbetrages abwenden kann, § 1142 BGB.

IV. Reduzierung der Haftung?

Eine Reduzierung der Haftung des Y könnte sich jedoch daraus ergeben, dass mit dem Bürgen X ein weiterer Sicherungsgeber existiert, denn X hat sich wirksam verbürgt, §§ 765, 766 BGB. Sein Irrtum darüber, dass es sich um eine reine Formsache handle, berechtigt als bloßer Motivirrtum nicht zur Anfechtung. Das könnte allenfalls dann anders sein, wenn A ihn dahingehend getäuscht hätte. Dazu ist jedoch nichts ersichtlich. Damit liegt eine wirksame Bürgschaft des X vor.

Zum Teil werden Bürge und Eigentümer des hypothekenbelasteten Grundstücks wie Gesamtschuldner behandelt, weil sie beide gleichrangig das Sicherungsinteresse des Gläubigers befriedigen sollen. Zum Teil wird eine vorrangige Haftung des Eigentümers angenommen, weil der persönlich haftende Bürge im Vergleich zu dem nur beschränkt haftenden Eigentümer privilegiert werden soll. Der Streit muss jedoch nicht entschieden werden. Selbst wenn beide wie Gesamtschuldner haften, kann der Gläubiger B von jedem Sicherungsgeber volle Leistung verlangen, § 421 BGB, so dass sich die Haftung des Y nicht deshalb reduziert, weil sich X für dieselbe Forderung verbürgt hat.

V. Ergebnis

Damit kann B von Y Duldung der Zwangsvollstreckung, § 1147 BGB, wegen der gesicherten Forderung gegen A in Höhe von 100 000 € verlangen.

B. Anspruch Y gegen X aus §§ 1143, 401, 765 BGB

Hat Y als Eigentümer des Grundstücks den Gläubiger B befriedigt, so erwirbt er kraft Gesetzes die Forderung gegen A, § 1143 BGB. Ihr folgt die akzessorische Bürgschaft, §§ 412, 401 BGB, aus der er dann gegen X vorgehen könnte. Das hätte zur Folge, dass letztlich X als der nicht in Anspruch genommene Sicherungsgeber die Folgen des Scheiterns der A trüge und ein „Wettlauf der Sicherungsgeber" entstünde: Wem es als erstem gelingt, den Gläubiger zu befriedigen, kann Rückgriff bei dem oder den anderen Sicherungsgebern nehmen.

Dieses Ergebnis wird von der gängigen Auffassung abgelehnt. Allerdings besteht über die Konsequenzen keine Einigkeit. Zum Teil wird der Bürge als persönlich haftender Sicherungsgeber privilegiert. Diese Auffassung kann jedoch nicht überzeugen. Auch wenn der Realsicherer im Gegensatz zum Bürgen in seiner Haftung auf das belastete Recht beschränkt ist, kann das Grundstück dennoch sein gesamtes Vermögen ausmachen. Überdies sieht das Bürgschaftsrecht selbst Regelungen zum Schutz des Bürgen vor, so dass dieser Sicherungsgeber nicht im Verhältnis zu anderen Sicherungsgebern noch ein weiteres Mal geschützt werden muss.

Vielmehr haften beide Sicherungsgeber gleichrangig und es sind die Regeln über die Gesamtschuld analog anzuwenden. Gemäß § 426 I, II BGB analog geht die Bürgschaft nach § 401 BGB deshalb nur in dem Maß über, das der internen Haftungsquote der beiden Sicherungsgeber entspricht, und erlischt im Übrigen. § 426 I 1 BGB geht im Zweifel von einer gleichmäßigen Verteilung, also einer Anteilsberechnung nach Köpfen aus, so dass die Bürgschaft nur in einer Höhe von 50 000 € auf Y übergeht, der deshalb nur einen Anspruch auf Zahlung von 50 000 € gegen X hat.

Ergebnis:

Hat Y die B befriedigt, kann er von X Zahlung von 50 000 € verlangen, §§ 1143, 401, 765 BGB.

Fall 10 **

Emil (E) verlieh seinen PKW an Xaver (X). Dieser beschädigte ihn beim Einparken in seiner Garage. Um E dieses Missgeschick nicht gestehen zu müssen, brachte X den PKW am nächsten Tag zur Reparatur in die Werkstatt des Ulrich (U). Die AGB des U enthalten eine Klausel, nach der ein vertragliches Pfandrecht an allen Sachen, die U zur Reparatur gebracht werden, entsteht. Nachdem der PKW fertig repariert war, konnte X die Reparaturkosten in Höhe von 1000 €

nicht aufbringen. U verweigerte deshalb die Rückgabe des PKW und bestand auf Bezahlung. Nachdem E den Wagen nicht wie vereinbart zurück erhielt, flog die Sache auf.

Jetzt will E wissen, wie er seinen Wagen zurückbekommt und von wem er gegebenenfalls Ersatz für anfallende Kosten bekommt.

Lösung

A. Anspruch auf Rückgabe des PKW

I. Anspruch des E gegen U aus § 985 BGB

E könnte den PKW von U herausverlangen, wenn er Eigentümer des Pkw und U Besitzer ohne Recht zum Besitz wäre, § 985 BGB.

1. Eigentum/Besitz

E ist Eigentümer des PKW; diese Position hat er durch das Verleihen des Pkw oder die mögliche Begründung eines Pfandrechts des U nicht verloren, da das Pfandrecht als beschränkt dingliches Recht nichts an der Eigentumslage ändert, sondern das Eigentum lediglich belastet. U ist auch Besitzer des Pkw, da er die tatsächliche Herrschaft ausübt, § 854 I BGB.

2. Recht zum Besitz des U

Fraglich ist jedoch, ob U nicht ein Recht zum Besitz gegenüber E hat.

a) Werkunternehmerpfandrecht, § 647 BGB

Ein solches könnte sich aus einem Werkunternehmerpfandrecht ergeben, § 647 BGB, das als Faustpfandrecht ein Recht zum Besitz gibt, §§ 1257, 1205, 1227, 1253 I BGB.

aa) Erwerb nach § 647 BGB. X und U haben einen Werkvertrag bezüglich des PKW geschlossen und X hat dem U den Pkw auch übergeben. Allerdings regelt § 647 BGB als weitere Voraussetzung für die Entstehung eines Werkunternehmerpfandrechts, dass es sich um eine Sache des Bestellers handelt. Damit wird auf die Eigentumslage an der Sache verwiesen; vorliegend war jedoch nicht der Besteller X, sondern E Eigentümer. Damit konnte kein Werkunternehmerpfandrecht entstehen.

Etwas anderes könnte sich jedoch aus einer Einwilligung des Eigentümers E nach §§ 183, 185 BGB ergeben. Ein Eigentümer und Verleiher hat nämlich ein generelles Interesse an der Erhaltung seines Eigentums und ist deshalb mit der fachgerechten Reparatur einverstanden. Allerdings lässt sich aus diesem Einverständnis keinesfalls das Einverständnis mit der Belastung der Sache durch ein Werkunternehmerpfandrecht entnehmen.

bb) Erwerb nach §§ 1257, 1207 BGB. U könnte jedoch das Werkunternehmerpfandrecht gutgläubig vom Nichteigentümer X erworben haben, §§ 1257, 1207 BGB. Die Voraussetzungen des § 1207 BGB liegen vor: Die Sache wurde dem Werkunternehmer U übergeben, U war nicht bösgläubig und der Pkw ist auch nicht abhanden gekommen, § 935 BGB. Es stellt sich jedoch die Frage, ob § 1257 BGB, der §§ 1204 ff BGB auch für gesetzliche Pfandrechte anwendbar macht, überhaupt den gutgläubigen Erwerb gesetzlicher Pfandrechte nach § 1207 BGB erfasst. Der Wortlaut des § 1257 BGB spricht dagegen, weil hiernach die Vorschriften der §§ 1204ff BGB nur auf ein kraft Gesetz „entstandenes" Pfandrecht Anwendung finden, nicht aber auf die Entstehung. Ein Umkehrschluss zu § 366 III HGB, der für die handelsrechtlichen gesetzlichen Pfandrechte einen gutgläubigen Erwerb ermöglicht, legt zudem nahe, dass ein gutgläubiger Erweb im allgemeinen Zivilrecht nicht denkbar ist, weil § 366 III HGB ansonsten überflüssig wäre.

b) Rechtsgeschäftliches Pfandrecht

Die Frage muss jedoch nicht entschieden werden, wenn U ohnehin ein rechtsgeschäftliches Pfandrecht an dem Pkw erworben hat. Es ist angesichts der AGB des U davon auszugehen, dass X und U sich über die Entstehung eines Pfandrechts geeinigt haben. X hat dem U den Pkw auch übergeben, § 1204 BGB. Zwar war X als Nichteigentümer nicht zur Bestellung eines Pfandrechts an dem Pkw berechtigt, jedoch könnte die Nichtberechtigung durch gutgläubigen Erwerb des U überwunden werden. Für Bösgläubigkeit des U bestehen keine konkreten Anhaltspunkte. Allerdings scheint ein Werkunternehmer, der trotz Geltung des § 647 BGB ein vertragliches Pfandrecht vereinbart, davon auszugehen, dass die Sache nicht dem Besteller gehört, da ansonsten bereits ein gesetzliches Pfandrecht seine Forderung schützen würde. Diese allgemeine Erwägung allein reicht jedoch nicht aus, um die Bösgläubigkeit des U im konkreten Fall zu begründen. Schließlich ist der Pkw dem E, der ihn verliehen hat, auch nicht abhanden gekommen, hat er den unmittelbaren Besitz doch freiwillig aufgegeben. Damit hat U ein Pfandrecht an dem Pkw erworben.

Allerdings könnte die Vereinbarung eines vertraglichen Pfandrechts sittenwidrig und nichtig sein, § 138 I BGB. Vereinbart der Werkunternehmer trotz Geltung des § 647 BGB ein vertragliches Pfandrecht, so rechnet er damit, dass bestimmte Sachen nicht dem Besteller gehören, da ansonsten bereits ein gesetzliches Pfandrecht seine Forderung schützen würde. Da eine solche vertragliche Regelung deshalb immer zu Lasten des Eigentümers ginge, könnte sie sittenwidrig sein. Allerdings will § 647 BGB, der zugunsten des Werkunternehmers ein gesetzliches Pfandrecht anordnet, den Werkunternehmer nicht schlechter stellen als andere Gläubiger und sicherlich nicht dritte Eigentümer vor gutgläubig erworbenen Pfandrechten schützen. Daher ist die Vereinbarung nicht als sittenwidrig anzusehen; sie ist lediglich die Konsequenz daraus, dass der BGH einen gutgläubigen Erwerb des Werkunternehmerpfandrechts ablehnt. U hat damit jedenfalls ein Pfandrecht an dem Pkw erworben, aus dem sich ein Recht zum Besitz ergibt, das er dem Eigentümer E entgegenhalten kann.

c) Beseitigung des Pfandrechts durch E

Möglicherweise kann E jedoch das Pfandrecht und damit das Recht des U zum Besitz des Pkw beseitigen, indem er den Anspruch des U befriedigt. Durch Zahlung von 1000 € an U ginge die Forderung des U gegen X allerdings nicht einfach unter, §§ 362 I, 267 I BGB, sondern durch cessio legis, §§ 1249 Satz 2, 268 Abs. 3 BGB, auf den ablösungsberechtigten E, § 1249 Satz 1 BGB, über. Damit entfiele zugleich das Pfandrecht, § 1256 BGB, weil Eigentum und Pfandrecht in der Person des E zusammenträfen, § 1256 BGB. Das Ablösungsrecht aus § 1249 Satz 1 BGB schaltet überdies das Ablehnungsrecht des Gläubigers aus § 267 II BGB aus.

3. Ergebnis

E kann daher die Forderung des U gegen X begleichen und das Besitzrecht des U entfallen lassen. Fraglich ist jedoch, ob er nach § 986 I 2 BGB nur Herausgabe an X oder auch an sich selbst verlangen kann. Da das Besitzrecht des X durch Ablauf der Leihdauer nicht mehr besteht, kann er Herausgabe an sich selbst verlangen.

B. Anspruch auf Ersatz für anfallende Kosten

I. Anspruch E gegen X aus §§ 631 I, 1249 Satz 2, 268 III BGB

Wie oben gezeigt, geht die Werklohnforderung des U gegen X auf E als Gläubiger über, der sie damit gegen X geltend machen kann, §§ 631 I, 1249 Satz 2, 268 III BGB.

II. Anspruch E gegen X aus §§ 280 I, III, 281 I BGB

Darüber hinaus ergibt sich ein Anspruch in Höhe von 1000 € auch aus §§ 280 I, III, 281 I BGB. Zwischen E und X bestand ein Schuldverhältnis in Form eines Leihvertrags. Nach Ablauf der Leihfrist war X verpflichtet, dem E das Fahrzeug zurückzugeben, § 604 BGB; diese Pflicht hat X verletzt. Das Vertretenmüssen des X wird vermutet, § 280 I 2 BGB; X kann sich insbesondere nicht mit dem Vortrag entlasten, er habe kein Geld, denn Geld hat man zu haben, § 276 I a.E. BGB.

III. Ergebnis

Damit schuldet X dem E die Kosten, die er für den Rückerhalt des Fahrzeugs aufwenden muss, § 249 I BGB, also den Werklohn, den er bezahlen muss, um sein Fahrzeug zurückzuerhalten.

Stichwortverzeichnis

Die Zahlen, auf die verwiesen wird, beziehen sich auf den **Teil** und die **Nummern der Fälle** (zB 1.1 = Teil 1, Fall 1).